핵 꿀쌤

Reading

재밌어서 계속 읽는 중학 영어

LEVEL 2

핵꿀잼 리딩 Level 2

저자 ┃ 타보름 교재 개발팀
디자인 ┃ 디자인 에스
일러스트 ┃ 정승원
발행인 ┃ 이선미
발행일 ┃ 개정 2쇄 2020년 1월 10일
발행처 ┃ 타보름 교육

그냥 화끈하게 다 재미있어라!

중등부 학생들과 독해 수업을 하면서 아이들에게 흥미를 불러
일으키는 것들이 어른들의 기준과는 많이 다르다는 것을 느꼈습니다.
쉬어가기로 유머 지문이 드문드문 섞여 있다면 오히려 아이들의 편식을
유발할 수 있습니다. 그렇다면 그냥 화끈하게 다 재미있으면 어떨까?
그렇게해서 수업할 때 반응이 가장 좋았던 소재들을 모아봤습니다.
사랑, 공포, 전설, 감동, 유머, 이야기 등등.

그리고 교양지식까지...!

하지만 '앎'에 대한 욕구는 어린 학생들에게도 있습니다. '아' 다르고
'어' 다르듯이 어떻게 쓰느냐에 따라 지루한 이야기가 될 수도 있고
흥미진진한 이야기가 될 수도 있습니다. 그래서 이후에 지식을 스스로
확장할 수 있게 흥미를 제대로 유발시키기로 했습니다.

학생들이 모든 단어를 알지 못한 채로 독해를 접하게 되고 문맥속에서
자연스럽게 단어의 뜻을 추론하고 해석이 되도록 심혈을 기울였습니다.
모든 문제는 단어 추론, 내용 이해로만 구성이 되어 정말 독해에 푹
빠질 수 있게 설계되었습니다.

– 타보름 교재 개발팀 –

핵꿀잼 Reading 이 특별한 이유

사랑, 공포, 지식, 유머, 심리테스트까지!
독해 욕구 완전 풀 가동

편식 방지!
목차 무작위 구성

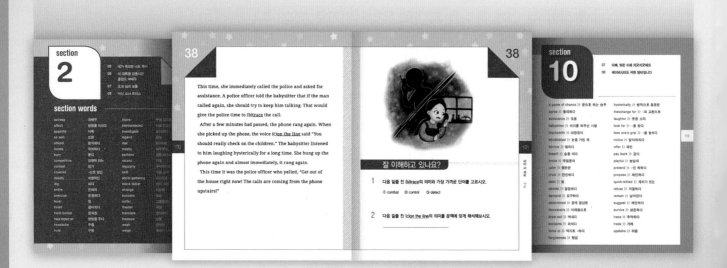

문법 공부는 문법책으로!
내용 이해, 단어 추론 문제로만 구성
독해의 즐거움 뿐만 아니라 깨닫는 즐거움까지!

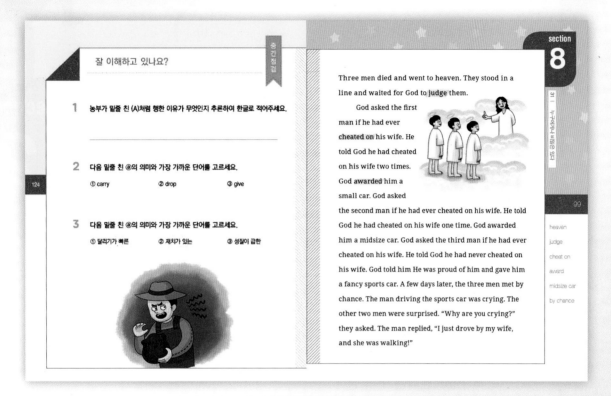

잘 이해하고 있나요?   중간점검

1 농부가 밑줄 친 (A)처럼 행한 이유가 무엇인지 추론하여 한글로 적어주세요.

_____

2 다음 밑줄 친 ⓐ의 의미와 가장 가까운 단어를 고르세요.

① carry   ② drop   ③ give

124

3 다음 밑줄 친 ⓑ의 의미와 가장 가까운 단어를 고르세요.

① 달리기가 빠른   ② 재치가 있는   ③ 성질이 급한

section
8

Three men died and went to heaven. They stood in a line and waited for God to judge them.

God asked the first man if he had ever cheated on his wife. He told God he had cheated on his wife two times. God awarded him a small car. God asked the second man if he had ever cheated on his wife. He told God he had cheated on his wife one time. God awarded him a midsize car. God asked the third man if he had ever cheated on his wife. He told God he had never cheated on his wife. God told him He was proud of him and gave him a fancy sports car. A few days later, the three men met by chance. The man driving the sports car was crying. The other two men were surprised. "Why are you crying?" they asked. The man replied, "I just drove by my wife, and she was walking!"

99

heaven
judge
cheat on
award
midsize car
by chance

좋아, 자연스러웠어!
단문에서 장문으로
서서히 이어지는 독해구성

상상 초월!
풍부한 추가 자료 제공

✳ Contents ✳

section 1

anymore >> 더 이상

aunt >> 이모, 고모

be on the lookout for >> 경계하다

different >> 다른

distinct >> 독특한, 구별되는

each other >> 서로 서로

end up ~ing >> 결국 ~로 끝나다

enough >> 충분한

entirely >> 완전히

examine >> 검사하다

forever >> 영원히

go to the doctor >> 병원에 가다

grab >> 붙잡다

impossible >> 불가능한

in a line >> 일렬로

need >> 필요하다

needle >> 바늘

penguin >> 펭귄

polar bear >> 북극곰

predator >> 포식자

protection >> 보호

receive a shot >> 주사를 맞다

the North Pole >> 북극

the South Pole >> 남극

A girl asked a boy if she was pretty, to which he said "No". She asked him if he wanted to be with her forever, to which he said "No". Then she asked him if he would cry if she walked away, to which he said "No". She had heard enough; she said that she did not want to see the boy anymore.

As she walked away, he grabbed her arm. He said "You're not pretty, you're beautiful. I don`t want to be with you forever, I need to be with you forever. And I wouldn't cry if you walked away, I would die."

Words

forever

enough

anymore

grab

1 본문에 대한 설명과 일치하지 <u>않는</u> 것을 고르세요.

① 소년은 소녀를 더 이상 사랑하지 않는다.

② 소녀는 소년에게 그녀가 예쁜지를 물었다.

③ 소녀는 소년에게 그가 그녀와 영원히 함께 있고 싶은지를 물었다.

④ 소녀는 소년에게 만약 그녀가 떠난다면 울어버릴 것인지 물었다.

⑤ 소년은 소녀의 모든 질문에 "아니"라고 답했다.

2 본문 내용 뒤에 이어질 여자의 행동을 자유롭게 상상하여 한글로 적으세요.

엄마, 아빠는
어디 있어요?
\
아기 코끼리의
물음

Baby elephants need a lot of protection. This is because there are a lot of predators who might kill a baby elephant. The mother and the aunt of a baby elephant protect it in a <u>distinct</u> way. Elephants walk in a line. The mother always walks in front of the baby, while the aunt walks behind it. That way, the mother and aunt can always be on the lookout for any hungry lions or tigers.

Words

need

protection

predator

aunt

distinct

in a line

be on the look out for

1 본문에 밑줄 친 <u>distinct</u>와 바꿔 쓰기 가장 적절한 단어를 고르세요.

① funny

② special

③ normal

④ simple

⑤ scary

2 다음 문장은 본문의 내용입니다. 빈칸에 알맞은 단어를 본문에서 찾아 쓰세요.

The mother and the aunt of a baby elephant walk in a distinct
way in order to _____ it from predators.

주사기 공포증

A woman wasn't feeling well, so she went to the doctor. After examining her, the doctor told the woman that she needed a shot. A nurse came in and asked the woman where she would like to receive the shot. The woman asked if she could really choose where she would receive the shot. When the nurse said yes, the woman told her, "<u>Ok, then. Please put the needle in your right arm.</u>"

Words

go to the doctor

examine

receive a shot

needle

1 여자가 밑줄 친 문장처럼 말한 이유로 가장 가까운 것을 고르세요.

① 질문을 이해하지 못해서

② 간호사가 얄미워서

③ 주사가 맞기 싫어서

④ 아프지 않아서

⑤ 간호사가 걱정되어서

2 다음 이어질 간호사의 대답으로 가장 적절한 것을 고르세요.

① "OK, I am ready."

② "Sorry, but I should put the needle in your arm, not mine."

③ "I don't want to receive the shot."

④ "I can't do that, it hurts me a lot."

⑤ "I am glad you said that."

I saw a show on TV that had a penguin and a polar bear. They were friends. However, in the wild, it is impossible for a polar bear and a penguin to be friends. That is because polar bears are only found in the North Pole, and penguins are only found in the South Pole. Although the North Pole and the South Pole are both cold, entirely different animals live in each pole. They have never met each other before and will not. It's very interesting. Moreover, if they ever end up meeting together, a polar bear may kill a penguin for food.

Words

penguin
polar bear
impossible
the North Pole
the South Pole
entirely
different
each other
end up ~ing

1 본문에 대한 설명과 일치하지 <u>않는</u> 것을 고르세요.

① 야생에서는 북극곰과 펭귄은 친구가 될 수 없다.

② 북극곰은 펭귄을 먹고 산다.

③ 북극곰이 사는 곳에 펭귄을 찾아볼 수 없다.

④ 북극곰은 북극에 산다.

⑤ 펭귄은 남극에 산다.

2 다음 문장은 본문의 내용입니다. 빈칸에 알맞은 단어를 본문에서 찾아 쓰세요.

> A polar bear and a penguin cannot be friends because they live
> in an entirely _____ place.

① clean   ② cold   ③ warm

④ same   ⑤ different

section 1

Words Test

다음 영어 단어의 뜻을 적으시오.

01	anymore		11	grab	
02	aunt		12	impossible	
03	different		13	need	
04	distinct		14	needle	
05	each other		15	penguin	
06	end up ~ing		16	polar bear	
07	enough		17	predator	
08	entirely		18	protection	
09	examine		19	receive a shot	
10	forever		20	the North	
	go to the doctor			the South	

section 2

actress >> 여배우

affect >> 영향을 미치다

appetite >> 식욕

audience >> 관객

as well >> 또한

attend >> 참석하다

locate >> 위치하다

bury >> 묻다

competitive >> 경쟁력 있는

contest >> 경기

covered >> ~으로 덮인

deadly >> 치명적인

dig >> 파다

entire >> 전체의

exercise >> 운동하다

fever >> 열

finish >> 끝마치다

hard-boiled >> 완숙된

have impact on >> 영향을 주다

headache >> 두통

hole >> 구멍

injure >> 부상 입다 (입히다)

interconnected >> 서로 연결된

investigate >> 조사하다

legend >> 전설

lost >> 잃어버린

mostly >> 대부분의

move >> 감동시키다

appetite >> 식욕

perform >> 수행하다

performance >> 연기

Polish >> 폴란드어의

recite >> 암송하다

record >> 기록

regularly >> 규칙적으로

respect >> 존경하다

shed tears >> 눈물을 흘리다

skill >> 기술, 실력

social gathering >> 사교모임

stone tablet >> 비석, 석판

strange >> 이상한

success >> 성공

suffer >> 고통을 겪다

theater >> 극장

translate >> 번역하다

treasure >> 보물

weak >> 연약한

weigh >> 무게가 나가다

네가 죽으면
나도 죽어

The entire human body is interconnected. This means that if one part of your body is affected, it has an impact on other parts of your body as well. A good example is when you get a cold. It is not just your mouth or your nose that suffers. You also have fever and headaches. Your entire body feels weak, and you have no appetite. Although colds are not deadly, they still show how interconnected the entire human body is.

Words

entire
interconnected
affect
have an impact on
as well
suffer
fever
headache
appetite
weak
deadly

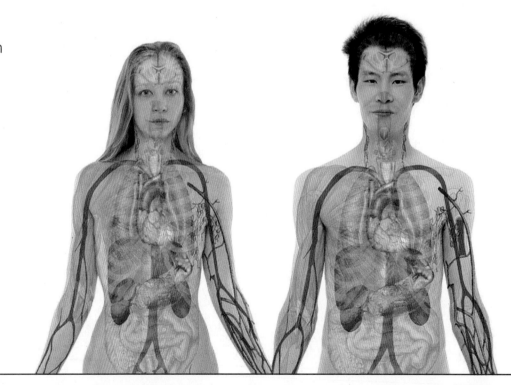

1 다음 빈칸에 어울리는 단어를 본문에서 찾아서 적고, 해석하세요.

> A boy told a girl, "We are _____ , darling.
> If you die, I die too."

단어 추론

2 본문에서 색칠한 단어의 뜻을 문맥을 통해 추론해보세요.

* 식욕

interconnected　　　*　　　* 영향을 주다

have an impact on　　*　　　* 서로 연결된

appetite　　　　　　*　　　* 고통을 겪다

* 두통

3 본문을 읽고 추론할 수 <u>없는</u> 것은 무엇인가요?

① When you get a cold, you can see our body is interconnected.

② When you get a cold, only your nose and mouth are affected.

③ When you get a cold, you have no appetite.

④ We can learn from colds about our body.

⑤ The entire human body is interconnected.

미 대륙을
감동시킨
폴란드 여배우

There was a theater actress from Poland who became very popular in the United States. Her name was Helena Modjeska. Thanks to her success in America, she became very famous all around the world for her powerful acting skills. One evening, she attended a social gathering. She gave a reading of a text in Polish to the mostly American audience. People were very moved by her performance. Some in the audience even shed tears. After her reading, people asked the actress what was the name of the text she had read. They were surprised when she told them that she had recited the Polish alphabet. They respected her even more for her outstanding performance.

Words

theater
actress
success
skill
attend
social gathering
mostly
Polish
audience
move
performance
shed tears
recite
respect

단어 추론

1 본문에서 색칠한 단어의 뜻을 문맥을 통해 추론해보세요.

* 참석하다

attend   *   * 여배우

audience   *   * 관객

recite   *   * 암송하다

* 발생하다

2 본문에서 밑줄 친 단어의 뜻을 다음 문장을 참고하여 추론해보세요.

> They even shed tears because they were very <u>moved</u>.

→ _____

3 본문 다음 빈칸에 적절한 단어를 본문에서 찾아 쓰세요.

> People were actually moved to listen to the _____ _____.

4 본문에 언급된 폴란드 여배우에 관한 설명으로 옳지 <u>않은</u> 것을 고르세요.

① She became very popular in the United States.

② Her powerful performance made her famous.

③ She recited the Polish alphabet at a social gathering.

④ The Polish audience was touched by her recitation.

⑤ The audience were surprised when she told the truth

 about the performance.

There is a legend that says lost treasure is buried on Oak Island, an island located east of Nova Scotia, Canada. How did this legend begin? In 1795, a young man named Daniel McGinnis found a tree with strange marks on it. Moreover, next to the tree was a hole. He thought someone may have hidden something valuable in the hole, so the next day he brought his friends to investigate. The group dug and found only logs, stones and one stone tablet. When the tablet was translated, it said you could find the lost treasure if you dug 40 more feet! Many people tried to find the lost treasure. Around 1970, people sent a video camera into the hole, but they did not find anything but one injured human hand.

Words

legend
lost
treasure
bury
locate
strange
hole
investigate
dig
stone tablet
translate
injure

1 본문에서 색칠한 단어의 뜻을 문맥을 통해 추론해보세요.

* 조사하다

buried   *   * 이상한

strange   *   * 묻힌

investigate   *   * 파낸

* 실험하다

2 본문에 대한 설명과 일치하지 <u>않는</u> 것을 고르세요.

① 한 젊은이가 이상한 표시가 적혀있는 나무를 발견했다.

② 다니엘 맥기니스는 친구들과 땅을 팠다.

③ 보물을 찾으려는 노력은 약 200년 가까이 지속되었다.

④ 보물을 찾은 사람은 결국 부자가 됐다.

⑤ 발견된 비석에 무언가 적혀있었다.

3 다음 빈칸에 어울리는 단어를 본문에서 찾아서 적고, 해석하세요.
(본문에 나온 형태 그대로 쓰세요)

> Tom had _____ a time capsule in the yard and 10
> years later, he _____ the time capsule.

식신
소냐 토마스

Have you heard of Sonya Thomas? She is a woman who weighs around 100 pounds (about 45kg). She is also a woman who can eat 44 lobsters in 12 minutes. Sonya Thomas is a competitive eater who has broken many records all over the world. She once ate 65 hard-boiled eggs in 6 minutes and 40 seconds. Moreover, she has also eaten more than 8 pounds (about 3.6kg) of French fries covered with chili and cheese in 10 minutes. Finally, in only 9 minutes, Sonya finished 11 pounds (about 5kg) of cheese-cake! How does Sonya only weigh 100 pounds? Her secret is to eat only healthy foods and to exercise regularly in her free time. By doing so, Sonya Thomas stays healthy and can also perform better in competitive eating contests.

Words

weigh
competitive
record
hard-boiled
covered
finish
exercise
regularly
perform
contest

단어 추론

1 본문에서 색칠한 단어의 뜻을 문맥을 통해 추론해보세요.

competitive   *
weigh   *
regularly   *

* 무게가 나가다
* 때때로
* 규칙적으로
* 경쟁력 있는
* 상대적인

2 이 글을 요약한 다음 문장의 빈칸에 가장 알맞은 단어를 고르세요.

> Sonya Thomas, who broke many records in competitive
> _____ contest, stays healthy by eating healthy foods
> and exercising regularly.

① exercising   ② eating   ③ swimming

④ running   ⑤ riding

3 이 글의 "Sonya Thomas"에 관한 설명으로 옳지 <u>않은</u> 것은?

① Her weight is around 100 pounds.

② She holds many records in eating contests.

③ She has a record of eating 44 lobsters in 12 minutes.

④ She eats a lot of fast foods to perform better in an eating contest.

⑤ She stays fit through regular exercise.

Words Test

다음 영어 단어의 뜻을 적으시오.

01	actress		21	injure	
02	affect		22	interconnected	
03	appetite		23	investigate	
04	as well		24	legend	
05	attend		25	lost	
06	locate		26	mostly	
07	bury		27	perform	
08	competitive		28	record	
09	contest		29	regularly	
10	covered		30	skill	
11	deadly		31	social gathering	
12	dig		32	stone tablet	
13	entire		33	strange	
14	exercise		34	success	
15	fever		35	suffer	
16	finish		36	theater	
17	hard-boiled		37	translate	
18	have impact on		38	treasure	
19	headache		39	weak	
20	hole		40	weigh	

section 3

answer 》 대답하다

bald eagle 》 대머리 독수리

bruise 》 멍

cabin 》 오두막집

chore 》 허드렛일, 잡일

citizen 》 시민

clumsy 》 서투른

discover 》 발견하다

delay 》 지연하다

empty 》 빈, 비어있는

eventually 》 결국

fair 》 공평한

figure 》 도형

free 》 자유로운

frequently 》 빈번히

gradually 》 점차적으로

independent 》 독립적인

owner 》 주인

recognize 》 알아보다

remind of 》 ~을 연상하게 하다

represent 》 나타내다

share 》 공유하다

stripe 》 줄무늬

suggest 》 제안하다

symbol 》 상징

symbolize 》 상징하다

the eldest 》 가장 나이가 많은

thumb 》 엄지 손가락

value 》 가치

yell 》 소리치다

09

길 잃은 사내

Words

discover
cabin
yell
empty
owner
gradually

One day, a man was lost in a forest. He got more and more lost as it got dark. After many hours of walking, he discovered a little cabin among the trees.

He went to the cabin and knocked. He waited, but no one answered. After knocking and yelling many times, he pushed the door open. The cabin was empty. There was a simple bed, and the house was warm. The man decided he would stay and wait for the owner to come home.

As he waited, he gradually became sleepy. He decided he would sleep on the bed. When he lay down, he was surprised to see that there were many *portraits on the walls. He had not noticed them before. Although they were just

pictures, he felt that the faces were looking directly at him. He felt scared, so he buried his face in a pillow and fell asleep.

He woke up refreshed the next day. He sat up in the bed and looked around. There were no pictures on the walls. In fact, the walls were all windows.

*portrait 초상화

단어 추론

1 본문에서 색칠한 단어의 뜻을 문맥을 통해 추론해보세요.

	*	발견하다
discover *	*	아무도 없는, 빈
empty *	*	인기척이 나는
notice *	*	길을 잃다
	*	알아차리다

2 남자가 아침에 일어나서 주위를 둘러보고 나서 느꼈을 감정이 어땠을지 고르세요.

① exciting   ② curious   ③ disappointed

④ lonely   ⑤ creepy

3 본문에 대한 설명과 일치하지 <u>않는</u> 것을 고르세요.

① He got more and more lost as it got dark.

② After walking for many hours, he found a little cabin.

③ He waited, but no one answered in the cabin.

④ He decided he would sleep on the bed.

⑤ After he woke up in the morning, there were so many pictures on the wall.

Words

symbol
remind of
figure
symbolize
stripe
recognize
represent
free
independent
bald eagle
value
citizen
share

Symbols help to remind us of something important. Let's look at some American symbols. One example of an American symbol is the American flag. Each figure on the flag means something. For example, a star symbolizes today's state. One stripe symbolizes one of the first 13 states of the U.S. There are 13 stripes and 50 stars on the United States' flag. All the states recognize that the flag represents them.

The United States also uses an animal as a symbol. The bald eagle is the national animal of the country. It was chosen as the symbol because it is a free and independent animal. America wanted people all over the world to think that Americans were free and independent like bald eagles. Through symbols like the bald eagle and the flag, people inside and outside America are reminded of the values that American citizens share.

단어 추론 ⭐

1 다음 빈칸에 공통적으로 들어갈 단어를 본문에서 찾아 쓰세요.

---
a. The dove is a _____ of peace.

b. In Chinese folklore, the bat is a _____ of good fortune.
---

2 본문과 가장 잘 어울리는 제목을 골라보세요.

① A symbol of American stars

② A symbol of American eagles

③ Some examples of American symbols

④ Symbols of American flag

⑤ Endangered bald eagle

3 본문에 대한 설명과 일치하지 <u>않는</u> 것을 고르세요.

① In America, the bald eagle symbolizes freedom and peace.

② Each star of the American flag symbolizes today's state.

③ The United States' flag consists of 13 stripes and 50 stars.

④ Each stripe of American flag symbolizes one of the original 13 states.

⑤ The bald eagle is the national animal of the United States.

배려심이
남다른
우리 장남

Words

the eldest
chore
fair
answer

A man had two sons. One day, he told his two sons that he was going to buy one of them a car. He asked his sons, "who wants a car?" The eldest son said that he wanted a car.

The father then said that he was going to buy one of them a computer. He asked his sons, "who wants a computer?" Again, it was the eldest son that answered him. He said that he wanted a computer.

The father then said that he would need one of them to help him with the chores. He asked his sons, "who wants to help me?" The eldest son answered him again. He said, "I always help you father. Now, it is someone else's turn to do the work."

1 본문에 대한 설명과 일치하지 <u>않는</u> 것을 고르세요.

① 한 남성에게는 두 명의 아들이 있었다.

② 한 남성은 두 아들 중 한 명에게 자동차를 사주려고 했다.

③ 첫째 아들은 자동차도 받고, 컴퓨터도 받고 싶다고 하였다.

④ 한 남성은 허드렛일을 도와줄 사람에게 자동차와 컴퓨터를 사줄 것이라고 하였다.

⑤ 첫째는 허드렛일을 돕겠다고 하지 않았다.

2 본문에 가장 어울리는 제목을 고르세요.

① No pain, no gain.

② Want to get gifts, but not duties.

③ Like father, like son.

④ All work and no play makes Jack a dull boy.

⑤ A good mind comes from good deeds.

3 큰아들의 마지막 대답으로 큰아들의 성격이 어떤지 추론해보세요.

① responsible   ② honest   ③ selfish

④ pessimistic   ⑤ good-hearted

부성애를
자극하는
그녀

Words

clumsy
bruise
frequently
delay
thumb
eventually
suggest

There was once a very clumsy woman. She was always getting small cuts and bruises. She especially would cut herself frequently with the kitchen knife.

The woman was married to a man who worked at a big company. Every day, he came home from work and sat in the living room, waiting while his wife made dinner. Unfortunately, dinner would always be delayed, because the woman would always be hurting her hands.

One day, the man decided to help his wife. He cut a piece of tape and put a small piece of gauze in the middle of it. He put the gauze on a cut on his wife's thumb and taped it around the finger. The man eventually suggested this idea at work. That is how Johnson & Johnson began selling Band-Aids in 1924.

1 본문에서 색칠한 단어의 뜻을 문맥을 통해 추론해보세요.

		*	깔끔한
clumsy	*	*	멍
bruise	*	*	제안하다
suggest	*	*	동의하다
		*	서투른, 조심성 없는

2 본문에 가장 어울리는 제목을 고르세요.

① Advertisement of Band-Aids

② The origin of Band-Aids

③ How to treat bruises

④ How to take care of a clumsy woman

⑤ How to experiment with Band-Aids

3 본문에 대한 설명으로 일치하지 않는 것을 고르세요.

① A clumsy woman had a husband who worked at a big company.

② The big company that the husband worked at is 'Johnson & Johnson'.

③ Dinner would always be delayed, because the woman forgot the time when his husband came.

④ The husband cut a piece of tape and put a small piece of gauze in the middle of it.

⑤ Thanks to his idea, his company began selling Band-Aids in 1924.

Words Test

다음 영어 단어의 뜻을 적으시오.

01	answer		16	gradually	
02	bald eagle		17	independent	
03	bruise		18	owner	
04	cabin		19	recognize	
05	chore		20	remind of	
06	citizen		21	represent	
07	clumsy		22	share	
08	discover		23	stripe	
09	delay		24	symbol	
10	empty		25	symbolize	
11	eventually		26	the eldest	
12	fair		27	thumb	
13	figure		28	value	
14	free		29	yell	
15	frequently				

advertisement 〉〉 광고

answer 〉〉 대답하다

appear 〉〉 나타나다

asteroid 〉〉 소행성

by plane 〉〉 비행기로

crash 〉〉 충돌하다

disappear 〉〉 사라지다

distance 〉〉 거리

enable 〉〉 가능하게 하다

escape 〉〉 탈출하다

exact 〉〉 정확한

excited 〉〉 신이 난

explosion 〉〉 폭발

flash 〉〉 번쩍임

flight 〉〉 비행

government 〉〉 정부

hung up 〉〉 hang up의 과거형 (전화를 끊다)

huge 〉〉 거대한

immediately 〉〉 즉시

impact 〉〉 충돌, 충동

on impulse 〉〉 충동적으로

influential 〉〉 영향력 있는

nuclear 〉〉 핵의

plane ride 〉〉 비행

pointless 〉〉 무의미한, 무가치한

reply 〉〉 답하다

route 〉〉 경로

rub 〉〉 문지르다

second-hand store 〉〉 중고품 가게

shipwreck 〉〉 난파하다

struggle 〉〉 노력하다, 애쓰다

travel 〉〉 여행하다

travel agent 〉〉 여행사 직원

trick 〉〉 ~를 속이다

비행기를
처음 타는
여자

Words

excited
travel
by plane
travel agent
answer
route
flight
plane ride
reply
hung up

A young lady was very excited. She was going to travel by plane from San Francisco to Beijing. She made a phone call to a travel agency. The young lady told an agent that she wanted to go to Beijing from San Francisco. The agent answered that she could choose different routes. This was the young lady's first plane ride. She asked the travel agent, "How long will the flight take?" "Just a moment, miss," replied the travel agent. So, the young lady replied, "Okay, thank you so much!" She hung up.

1 본문에 밑줄 친 Just a moment를 여행사 직원의 의도한 뜻과
젊은 여자가 이해한 뜻을 각각 쓰세요.

여행사 직원이 의도한 뜻 _____

젊은 여자가 이해한 뜻 _____

단어 추론

2 본문에서 색칠한 단어의 뜻을 문맥을 통해 추론해보세요.

* 걸리다

route   *   * 질문하다

take   *   * 경로, 길

hang up   *   * 끊다

* 기다리다

3 본문에 대한 설명과 일치하지 <u>않는</u> 것을 고르세요.

① 여자는 샌프란시스코에서 베이징으로 비행기를 타고 여행할 것이다.

② 여자는 먼저 여행사 직원에게 전화를 걸었다.

③ 여행사 직원은 다른 경로도 선택할 수 있다고 알려줬다.

④ 여자는 여행사 직원에게 비행기 티켓이 얼마인지 물어봤다.

⑤ 여자는 비행기를 타본 적이 없다.

통구스카의
대폭발,
UFO의 소행인가

On June 30, 1908, there was a huge explosion in Tunguska, Siberia. Over a hundred years after it happened, no one really knows who or what caused the explosion. Some believe that a UFO crashed into the ground. Others believe that the government was testing a nuclear bomb.

The explosion was so huge that over 2,000 square kilometers of forest, the size of Jeju Island, were destroyed. The flash of light followed by the explosion even enabled people in London to see a newspaper. The distance between Tunguska and London is over 5,000 kilometers!

For now, the most influential story is that the explosion was caused by an asteroid impact. Until the exact cause is found, the scientists will struggle to figure out the cause.

Words

huge
explosion
crash
government
nuclear
flash
enable
distance
influential
asteroid
impact
exact
struggle

단어 추론

1 본문에서 색칠한 단어의 뜻을 문맥을 통해 추론해보세요.

		*	폭발
explosion	*	*	원자력의
nuclear	*	*	발생하다
destroy	*	*	충돌하다
		*	파괴하다

2 본문에서 알려준 퉁구스카 폭발의 원인들을 본문에서 모두 찾아서 한글로 쓰세요.

_____

3 본문에 대한 설명과 일치하지 <u>않는</u> 것을 고르세요.

① 시베리아 퉁구스카에 거대한 폭발이 있었다.

② 퉁구스카의 폭발을 일으킨 범인을 사람들은 비밀로 하고 있다.

③ 퉁구스카에 있었던 생긴 빛이 런던에서도 보였다.

④ 퉁구스카와 런던 사이의 거리는 5000킬로미터 이상 된다.

⑤ 어떤 사람들은 UFO의 소행이었을 것이라고 믿는다.

지니의 소원은
A/S가 보장되지
않는다.

44

Words
shipwreck
escape
rub
appear
immediately
disappear

Three men were traveling together. One day, the ship which they were on was caught in a storm. The three men were <u>shipwrecked</u> on an island. While looking for a way to escape the island, one of the men found a small lamp.

When they rubbed the lamp, a powerful genie appeared. The genie looked at the three men and said, "Because you saved me from the _____, I will give each one of you two wishes."

Two men immediately said, "I would like enough food and water. I would also like to go home." The genie clapped his hands and the two men disappeared.

The genie then looked at the third man. "What would you like?" the genie asked. The third man replied, "I'm bored. Please bring the two men back."

1 본문에 밑줄 친 단어 <u>shipwrecked</u>의 뜻을 문맥을 통해 추론해보세요.

_____

2 본문의 세 명의 남자 중에 결국 소원을 이룬 건 몇 명인가요?

_____

3 본문에 대한 설명과 일치하지 <u>않는</u> 것을 고르세요.

① 세 남자가 여행하는 도중에 한 섬에 난파되었다.

② 한 남자가 작은 램프를 발견했다.

③ 램프를 문지르자 지니가 나타났다.

④ 지니는 각자 한 개의 소원을 들어주었다.

⑤ 두 남자의 소원은 집으로 돌아가는 것이었다.

4 본문의 빈칸에 들어갈 단어를 본문에서 적절한 것을 찾아 쓰세요.

_____

> 단어 추론

5 본문에서 색칠한 단어의 뜻을 문맥을 통해 추론해보세요.

		*	문지르다
escape	*	*	발견하다
rub	*	*	도망치다
disappear	*	*	훔치다
		*	사라지다

돈을 절약하는
교과서적인 방법

Words

pointless
advertisement
impulsively
(= on impulse)
trick
second-hand
store

It is pointless to earn money if you don't know how to save. Here are two good ways to save money.

First, don't buy things on impulse. Don't be tricked by advertisements that say "Two plus One" or "One Day Sale Only". Usually, the things that you buy impulsively are things you don't need.

Second, buy second-hand things. What does that mean? It means buying things that people have already used. You can go to a second-hand store or a flea market. There's saying, "One man's trash is another man's treasure." Especially, at a flea market, you can not only buy things at a good price but also enjoy looking around the market.

If you just follow these two rules, you will be able to save a lot more money.

1 본문 글과 가장 잘 어울리는 제목을 골라 보세요.

① How to save money

② How to sell things at a flea market

③ How to enjoy shopping

④ How to spend money wisely.

⑤ How to advertise things already used.

단어 추론

2 본문에서 색칠한 단어의 뜻을 문맥을 통해 추론해보세요.

                                       *   광고

pointless   *   *   중고품

impulse   *   *   충동

advertisement   *   *   무의미한

                                         *   부끄러운

3 다음 문장은 본문의 내용입니다. 빈칸에 알맞은 단어를 본문에서 찾아 쓰세요.

> You may regret if you buy things _____ _____.

4 본문에 나온 "One man's trash is another man's treasure." 의 의미를
한국말로 해석해보세요.

_____

5 본문을 읽고 추론할 수 <u>없는</u> 것은 무엇인가요?

① 저축하지 않으면 벌어도 소용없다.

② 충동적으로 사는 물건이 가끔은 유용할 수도 있다.

③ 중고품을 사는 것은 저축하는 데 도움이 될 것이다.

④ 새 상품을 싸게 사는 것만이 저축하는 지름길은 아니다.

⑤ 소개된 두 가지 방법을 따르면 돈을 모으는 데 도움이 될 것이다.

Words Test

다음 영어 단어의 뜻을 적으시오.

01	advertisement		17	immediately	
02	answer		18	impact	
03	carefull		19	on impulse	
04	asteroid		20	influential	
05	by plane		21	nuclear	
06	crash		22	plane ride	
07	disappear		23	pointless	
08	distance		24	reply	
09	escape		25	route	
10	exact		26	rub	
11	excited		27	second-hand store	
12	explosion		28	shipwreck	
13	flight		29	struggle	
14	government		30	travel	
15	hang up		31	travel agent	
16	huge		32	trick	

section 5

carefully 〉〉 신중하게

cost 〉〉 비용이 나가다

courage 〉〉 용기

deal with 〉〉 다루다

dentist 〉〉 치과의사

difference 〉〉 차이점

drought 〉〉 가뭄

dumpling 〉〉 만두

examine 〉〉 검사하다

execute 〉〉 처형하다

hygiene regulation 〉〉 위생 규정

immediately 〉〉 즉시

muster up 〉〉 (용기) 내다

mystery 〉〉 신비스러운 일

negotiate 〉〉 협상하다, 흥정하다

optimist 〉〉 낙관주의자

penny pincher 〉〉 구두쇠

pessimist 〉〉 비관주의자

respect 〉〉 존경하다

rotten 〉〉 썩은

severely 〉〉 심하게

shout 〉〉 소리치다

shy 〉〉 부끄러운, 수줍은

take 〉〉 걸리다, 취하다

terrible 〉〉 끔찍한

toothache 〉〉 치통

양심없는 당신

Words

penny pincher
negotiate
terrible
toothache
dentist
carefully
examine
cost
take
shout

Thomas is a penny pincher. He doesn't want to spend money. He always negotiates for a lower price on everything. One day, Thomas was in trouble. He had a terrible toothache and had to go to the dentist. After carefully examining his teeth, the dentist told Thomas that she would have to take out a tooth. Thomas then asked her how much it would cost. When the dentist replied that it would cost him ninety dollars, Thomas asked her how long it would take. The dentist replied that it would take about two minutes. Thomas became very angry.

"Ninety dollars for two minutes of work!" he shouted. "That's not fair!" Hearing this, the dentist replied, "Fine, very well then. I'll take my time. How about an hour then?"

1 이 글을 읽고 다음 문장을 완성하세요.

> A penny pincher is a person _____.

① who hates spending money.

② who wastes money.

③ who earns a lot of money.

④ who spends a lot of time on shopping.

⑤ who has money to burn.

단어 추론

2 본문에서 색칠한 단어의 뜻을 문맥을 통해 추론해보세요.

	*	검사하다
negotiate	*	외과의사
dentist	*	치과의사
examine	*	협상하다
	*	바쁜

3 본문에 대한 설명으로 일치하지 <u>않는</u> 것을 고르세요.

① 토마스는 심한 치통을 앓았다.

② 토마스는 이를 뽑아야만 했다.

③ 이 하나를 뽑는 데는 90달러가 필요하다.

④ 이 하나 뽑는 데에는 2분이 걸린다.

⑤ 토마스는 다른 이를 뽑는 대신 진통제를 먹었다.

18

음식은
건들지마

I hate it when I see people selling bad food. I read in the newspaper that some companies were selling dumplings with rotten meat in them! Every country has its own way to deal with people who sell bad food. I heard that in Japan or France, you will immediately lose your business. In China, those who don't respect hygiene regulations can even be executed in public. Of course, I don't want people to lose their lives, but I think that people who sell bad food should be severely punished. What do you think?

Words

dumpling
rotten
deal with
immediately
respect
hygiene regulation
execute
severely

정답 및 해설   p.13

단어 추론

1 본문에서 색칠한 단어의 뜻을 문맥을 통해 추론해보세요.

		*	버리다
execute	*	*	썩은
rotten	*	*	처벌하다
punish	*	*	처형하다
		*	감금하다

2 다음 문장은 본문의 내용입니다. 빈칸에 알맞은 단어를 고르세요.

> Each country has various ways to _____ people
> who sell _____ .

① care for   –   delicious food
② care for   –   bad food
③ deal with –   cheap food
④ punish   –   expensive food
⑤ punish   –   bad food

3 본문에 대한 설명으로 일치하지 않은 것을 고르세요.

① 어떤 회사들은 썩은 고기를 넣은 만두를 팔고 있었다.

② 일본이랑 프랑스에서는 나쁜 음식을 만들면 즉시 사업장을 잃게 된다.

③ 중국에서는 오염물질을 많이 배출하면 처벌을 받는다.

④ 각 나라별로 나쁜 음식을 판매하는 사람들에 대한 처벌 방식이 다르다.

⑤ 글쓴이는 나쁜 음식을 판매하는 이들은 처벌받아야 한다고 생각한다.

19

Words

shy
muster up
courage
mystery
drought

On a sunny day, a young man and a young lady were sitting inside a cafe. They were both very shy. However, the young man mustered up his courage. He said to the young lady, "Do you know what love is like? I think it is like a rainbow. People smile when they see a rainbows, because it is very beautiful. I also think that love is like the sea, because it is so big and full of mystery. Love is like the sunlight on a warm day, because it makes people feel happy. Love can also be like the rain that falls after a drought, because it brings hope." He asked her, "May I give you this love?" Her eyes shining, the young lady shook her head and said no.

The young man was very _____. He looked down at his plate and felt his heart crushed, until he heard her voice say to him, "I don't want that love. What I want is your love."

단어 추론

1 본문에서 색칠한 단어의 뜻을 문맥을 통해 추론해보세요.

	* 희망을 가지는
shy *	* 실망한
muster up one's courage *	* 가득 찬
full of *	* 용기를 내다
	* 부끄러운, 수줍은

2 본문의 빈칸에 들어갈 말로 적절한 것을 고르세요.

① excited   ② disappointed

③ boring   ④ thrilled

⑤ pleased

3 본문에 대한 설명과 일치하지 <u>않는</u> 것을 고르세요.

① 여자와 남자가 커피숍에 앉아있었다.

② 남자는 용기를 내어 여자에게 사랑고백을 했다.

③ 여자와 남자는 매우 수줍어하였다.

④ 남자는 사랑을 자연에 비유하고 있다.

⑤ 여자는 남자의 고백을 거절하였다.

20

진부한 듯
진부하지 않은
이야기

Words

difference
optimist
pessimist

Do you know the difference between a pessimist and an optimist? An optimist is someone who always believes that things will always get better. On the other hand, a pessimist is someone who thinks that things will always get worse.

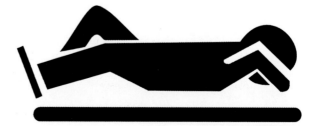

Here is an example of these two types of people. Before going to bed, an optimist looks out the window and says, (A)"<u>Good evening, God</u>." The pessimist looks out the window and says, (B)"<u>Good God, evening</u>."

1 다음 빈칸에 어울리는 단어를 본문에서 찾아서 적고, 해석하세요.

> A(an) _____ is a person who sees the glass
> half full. On the other hand, a(n) _____ is a
> person who sees the glass half empty.

2 본문의 주요 내용으로 가장 알맞은 것을 고르세요.

① 낙관주의자의 생활

② 비관주의자의 생활

③ 낙관주의자와 비관주의자의 공통점

④ 낙관주의자와 비관주의자의 차이점

⑤ 낙관주의자와 비관주의자의 신앙심의 차이

3 밑줄 친 (A)와 (B)는 각각, 잠들기 전의 an optimist와 a pessimist의 반응입니다. (A), (B)를 해석해보세요.

(A) _____

(B) _____

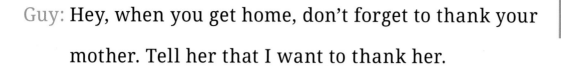

Guy: Hey, when you get home, don't forget to thank your
    mother. Tell her that I want to thank her.

Girl: What do you want to thank her for?

Guy: I want to thank her for bringing an angel into the
    world, an angel who I hope will marry me.

The guy looked at the girl.

"You are that angel," he said.

◇◇◇

61

남자: 이봐, 집에 가면 어머니께 꼭 감사해할 것을 잊지마.
    어머니께 내가 감사 드린다고 전해줘.

여자: 뭐에 대해서 감사하는데?

남자: 천사를 세상에 데려오신 것에,
    그것도 내가 희망하건데, 나와 결혼하게 될 전.사.를.

그 남자는 그녀를 보며 말했다.
"네가 바로 그 천사야."

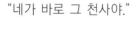

정답 및 해설 P.14

section 5

Words Test

다음 영어 단어의 뜻을 적으시오.

01	carefully		14	mystery	
02	cost		15	negotiate	
03	courage		16	optimist	
04	deal with		17	penny pincher	
05	dentist		18	pessimist	
06	difference		19	respect	
07	drought		20	rot	
08	dumpling		21	severely	
09	examine		22	shout	
10	execute		23	shy	
11	hygiene regulation		24	take	
12	immediately		25	terrible	
13	muster up		26	toothache	

section

6

a sheet of >> 한 장

afford >> ~할 여유가 있다

arrive >> 도착하다

barley >> 보리

be able to >> ~할 수 있다

be filled with~ >> ~로 가득찬

beverage >> 음료, 마실 것

chin >> 턱

communicate >> 의사소통하다

criminal >> 범죄자

destination >> 목적지

discover >> 발견하다

draw attention >> 주의를 끌다

elbow >> 팔꿈치

empty-handed >> 빈손으로

exclaim >> 소리치다, 외치다

explain >> 설명하다

expression >> 표현

get off >> 내리다

How dare >> 감히 ~하다

in the form of >> ~의 형태로

married >> 결혼한

nearby >> ~근처에

on one's way to~ >> ~로 가는 길에

pepper >> 후추

purse >> 지갑

quickly >> 빠르게

recently >> 최근에

refer to >> 언급하다, 말하다

rock >> 흔들다

sailor >> 선원

shoulder >> 어깨

steal >> 훔치다

suite >> 방

tear >> 찢다

the poor >> 가난한 사람들

the rich >> 부자들

throw >> 던지다

unlike >> ~와 다르게

wheat >> 밀

21

바다에서 편지를
보내는 방법

Words

sailor
communicate
throw
destination
rock
be able to
quickly
tear
a sheet of
discover

Long time ago, sailors could not communicate with people
on land once they were at sea. Sometimes, they would send a
message to people on land <u>by putting a letter in a bottle and
throwing it to the water</u>. However, no one could be sure that the
bottle would reach the right destination.

For example, in 1493, Christopher Columbus was sailing towards Spain. One night, it started raining heavily, and the waves **rock**ed the boat. Columbus thought that the ship would not be able to return to Spain. He quickly tore a sheet of paper, wrote a message to the king and queen of Spain and put it in a bottle. He put a *cork in it and threw it in the water. Christopher Columbus' message to the Spanish court was discovered more than 300 years later. An American ship picked it up near Morocco in Africa.

*cork 코르크 (마개)

1 본문에서 색칠한 단어의 뜻을 문맥을 통해 추론해보세요.

* 도착지

sailor   *   * 선원

destination   *   * 던지다

discover   *   * 발견하다

* 경비원

2 본문에서 sailor들이 밑줄 친 문장처럼 행동한 이유가 무엇인지 한글로 쓰세요.

---

3 본문에서 밑줄 친 단어와 의미가 같게 쓰여진 것을 고르세요.

> One night, it started raining heavily, and the waves
> <u>rock</u>ed the boat.

① She was <u>rock</u>ing backwards and forwards in her seat.

② She collects unique <u>rock</u>s.

③ Some <u>rock</u>s on the ground look strange.

④ I like punk <u>rock</u>.

⑤ He climbed the big <u>rock</u> last time.

4 다음은 본문의 내용입니다. 빈칸에 적절한 단어를 고르세요.

Long time ago, sailors did not have a _____ .

① communication system

② bottle to send a message

③ boat

④ specific destination

⑤ message

정답 및 해설 p.15

5 본문에 대한 설명과 일치하지 <u>않는</u> 것을 고르세요.

① Sailors would send a message by putting a letter in a bottle and throwing it in the water.

② No one could be sure that the bottle would reach the right destination.

③ Christopher Columbus was sailing towards the U.S. in 1493.

④ Columbus wrote a message to the king and queen of Spain.

⑤ An American ship picked the message up near Morocco in Africa.

22

딸아,
이번 겨울에
춥다는데...

A recently married woman is coming home to visit her mother. Her mother is explaining to her how to come up the apartment building.

"When you come into the building, press the button for the elevator with your shoulder. Once the elevator arrives, get on and press 20 with your elbow. On the 20th floor, get off the elevator and turn right. My apartment suite number is 2007. Ring the doorbell with your chin."

"Mama, why do I have to use my chin, my elbow, or my shoulder? Why can't I just use my hands?"
"You're going to visit me empty-handed?"

Words

recently
married
explain
shoulder
arrive
elbow
get off
suite
chin
empty-handed

단어 추론

1 본문에서 색칠한 단어의 뜻을 문맥을 통해 추론해보세요.

	* 도착하다
explain *	* 설명하다
arrive *	* 망치다
empty *	* 비어있는
	* 올바른

2 다음 보기의 그림은 엄마의 말대로 했을 때의 상황입니다.
각각 사용된 신체 부위를 본문에서 찾아 영어로 쓰세요.

_____ _____ _____

3 본문을 요약한 다음 문장의 빈칸에 들어갈 말을 고르세요.

> The mother explained to her daughter how to get to her apartment —————— because she expected her daughter to bring a lot of presents for her.

① using her hands ② without looking into a map
③ without using her hands ④ with a taxi
⑤ by bus

23

보리고개가
유럽에도
있었다?

Words
the poor
the rich
barely
in the form of
beverage
unlike
wheat
afford
pepper
expression
refer to

In the Middle Ages in Europe, the poor who were almost everybody ate mainly barley. They ate barley 3 meals a day, in the form of soup or bread or pancakes. But every day, eating barely for almost every meal must have been so boring. For beverage, in England and Germany, the poor drank mostly ale, a beer-like drink made from barley! In France and Spain, many drank wine instead.

Unlike the poor, the rich ate bread made of wheat, not barley, which tasted better. They could also eat meat. They also could afford to eat their meat dishes with spices like pepper brought all the way from India. During those times, even salt was considered a luxury, so only the rich could put salt on their food. That is why we use the expression, "above the salt" to refer to someone who is a rich person.

1 본문을 읽고 추론할 수 <u>없는</u> 것은 무엇인가요?

① The poor in Europe usually ate barley.

② Most Europeans were poor, so they ate mostly barley.

③ Most Europeans ate barley 3 meals a day.

④ In Europe, the rich preferred wheat to barley.

⑤ In France and Spain, many drank ale made from barley.

2 다음 중 중세 유럽에서 가장 흔한 식재료를 고르세요.

① wheat   ② barley   ③ meat   ④ rice   ⑤ pepper

3 빈칸에 적절한 단어를 본문에서 찾아 쓰세요.

> Charles is _____ the _____. He has a fancy house
> with a swimming pool and has a lot of expensive cars.

24

지갑을 주운
아이들

Words

on one's way to~
purse
be filled with~
draw attention
criminal
nearby
exclaim
How dare
steal

Two boys were on their way to school when they saw something on the ground. One of the boys picked it up. It was a purse filled with lots of money. "I'm rich!" (a)the boy said. "No, no, no. we are rich." The other boy said. "We found the purse together."

This drew the attention of a woman walking nearby. She came closer and then exclaimed, "That's my purse! How dare you steal it! I'm calling the police! You're a criminal!"

(b)The boy who first picked up the purse was scared. (c) He asked the other boy, "What do we do now?" "We?" asked the other boy. "You are (d)the one who picked up the purse, not (e)I.

단어 추론 ⭐

1 본문에서 색칠한 단어의 뜻을 문맥을 통해 추론해보세요.

                               *   소리치다

filled with   *   *   훔치다

exclaim   *   *   범죄자

criminal   *   *   ~로 가득찬

                                *   직원

2 (a)~ (e) 중 가리키는 대상이 다른 하나를 고르세요.

① (a)   ② (b)   ③ (c)   ④ (d)   ⑤ (e)

3 본문에 대한 설명과 일치하지 <u>않는</u> 것을 고르세요.

① 학교로 가는 길에 두 명 중 한 소년이 지갑을 주웠다.

② 지갑을 주운 소년은 무척 기뻐했다.

③ 그 옆을 지나가던 여자는 그 지갑의 주인이었다.

④ 여자는 지갑을 도둑질 당했다고 생각해서, 경찰을 부르려고 하였다.

⑤ 지갑을 줍지 않은 소년 역시 이 상황을 끝까지 책임지려고 했다.

73

Words Test

다음 영어 단어의 뜻을 적으시오.

01	a sheet of		21	in the form of	
02	afford		22	married	
03	arrive		23	nearby	
04	barley		24	on one's way to~	
05	be able to		25	pepper	
06	be filled with~		26	purse	
07	beverage		27	quickly	
08	chin		28	recently	
09	communicate		29	refer to	
10	criminal		30	rock	
11	destination		31	sailor	
12	discover		32	shoulder	
13	draw attention		33	steal	
14	elbow		34	suite	
15	empty-handed		35	tear	
16	exclaim		36	the poor	
17	explain		37	the rich	
18	expression		38	throw	
19	get off		39	unlike	
20	How dare		40	wheat	

section 7

agree 〉〉 동의하다

bonfire 〉〉 모닥불

Buddhism 〉〉 불교

caffeine 〉〉 카페인

cause 〉〉 원인

Constitution 〉〉 헌법

control 〉〉 통제하다

Declaration of
Independence 〉〉 미국독립선언서

defeat 〉〉 ~를 무너뜨리다

delicious 〉〉 맛있는

demand 〉〉 요구하다

describe 〉〉 묘사하다

determine 〉〉 결심하다

document 〉〉 문서

effect 〉〉 결과

empty-handed 〉〉 빈손으로

exist 〉〉 존재하다

foundation 〉〉 기초, 토대

Founding Father 〉〉 건국의 아버지

government 〉〉 정부

guide 〉〉 안내하다

herd 〉〉 무리, 떼

Hinduism 〉〉 힌두교

independence 〉〉 독립

karma 〉〉 (힌두교) 업, (불교) 인과응보

leprechaun 〉〉 러프레콘

miss 〉〉 놓치다

original 〉〉 원래의

phrase 〉〉 관용구

realize 〉〉 알아차리다

respect 〉〉 존경하다

roast 〉〉 볶다

shepherd 〉〉 양치기

shovel 〉〉 삽

snatch up 〉〉 낚아채다

strangely 〉〉 이상하게

underneath 〉〉 밑에

미국 건국의
아버지들이
남긴 것

The Founding Fathers were the Americans who fought against Great Britain for independence. After defeating Great Britain, they founded a country named the United States of America. They developed a system of government that is still used today. The Founding Fathers also wrote two very important documents. These documents were the Declaration of Independence and the Constitution of the United States. The Constitution was, and still is the foundation for the government of the United States. It is one of the most respected works ever written. Many countries have adopted the Constitution as a model for its own government. The Founding Fathers included famous men such as George Washington and Benjamin Franklin. These men believed that in the new country of America, all men have the right to "Life, Liberty, and the pursuit of Happiness."

단어 추론

1 본문에서 색칠한 단어의 뜻을 문맥을 통해 추론해보세요.

                                      *   패배시키다

defeat   *   *   존경

government   *   *   채택하다

adopt   *   *   문서

                                        *   정부

2 다음 문장은 본문의 내용입니다. 빈칸에 알맞은 단어를 본문에서 찾아 쓰세요.

> The two important documents that the Founding Fathers wrote were
> _____ _____ _____ _____ and _____
> _____ of the United States.

3 본문에 대한 설명으로 일치하지 <u>않는</u> 것을 고르세요.

① 건국의 아버지는 미국의 독립을 위해 싸운 사람들이다.

② 영국으로부터 독립한 후, 건국의 아버지들은 미국이라는 국가를 설립했다.

③ 건국의 아버지들은 당시에만 쓰였던 정부 조직을 설립했었다.

④ 헌법은 지금까지 쓰여진 것 중에 가장 존경 받는 문서이다.

⑤ 건국의 아버지는 조지워싱턴과 벤자민 프랭클린과 같은 사람들이 포함된다.

26

어떻게 커피콩을
볶게 된 걸까?

Words

roast
shepherd
miss
herd
strangely
control
caffeine
bonfire
delicious

Who were the first people to roast coffee beans and drink coffee? Long time ago in Ethiopia, a shepherd was taking care of goats. He noticed that two of his goats were missing. When he found them, he saw that they were eating some red beans. He brought his goats back to the rest of the herd. However, the two goats started acting very strangely. They became very excited and went out of control because of the caffeine in the beans. The shepherd guessed that the red beans were the reason the goats were acting strangely. He went back to the tree and grabbed a handful of the beans. He took them to his village and told everyone about the beans and his goats. The villagers were frightened of the beans. Finally, They decided to burn them in a big bonfire. However, once the beans started burning, a delicious aroma arose from the fire. Everyone fell in love with the smell. Eventually, the villagers started drinking coffee made from the beans.

1 다음 문장은 본문의 내용 중 하나입니다.

밑줄 친 단어와 바꾸기 가장 적절한 것을 고르세요.

> After hearing about the beans and his goats, the villagers became <u>frightened</u>.

① confused   ② happy   ③ relieved

④ scared   ⑤ sad

2 본문과 관련된 질문에 대답하기 위해 빈칸에 알맞은 단어를 찾아 쓰세요.

> Question: Why were the missing goats acting strangely?
> Answer: Because of the _____ in the beans.

3 본문에 대한 설명으로 일치하지 <u>않는</u> 것을 고르세요.

① 커피콩은 우연히 발견되었다.

② 사람들은 발견한 순간부터 커피콩을 좋아했다.

③ 커피콩을 먹은 염소들은 흥분했다.

④ 커피콩을 태우면 맛있는 냄새가 난다.

⑤ 염소들이 이상하게 행동했던 원인은 커피콩이었다.

27

레프러콘은
귀엽다

80

There was once a boy who lived in a land where leprechauns lived. Since leprechauns were famous for their pots of gold, the boy decided to catch one.

One day, while he was walking in the forest, he heard a strange sound coming from behind a tree. It was a little leprechaun who was making shoes. The boy snatched up the leprechaun and demanded it to tell him where its pot of gold was. Since leprechauns had to tell the truth if they were caught, the leprechaun agreed to show the boy its pot of gold. The leprechaun guided him to a tree in the middle of the forest and told him that its gold was buried underneath it. To remember which tree it was, the boy tore a piece of his red shirt and tied it around the tree.

Words

leprechaun
exist
determine
snatch up
demand
agree
guide
underneath
shovel
realize
empty-handed

Then, he raced all the way home to get a shovel. A few moments later, the boy came back to the forest. However, when he returned, he was in for a surprise. Hundreds of trees had pieces of red cloth tied around them! The boy realized that he was tricked by the leprechaun. His dreams of becoming rich ⓐ<u>came to nothing</u>, and he had to return home empty-handed.

1 본문에 대한 설명과 일치하지 <u>않는</u> 것은?

① 소년은 레프레콘이 존재하는 나라에 살고 있었다.

② 레프레콘들은 황금 단지로 유명했다.

③ 소년은 신발을 만들고 있는 러프레콘을 잡았다.

④ 잡힌 레프레콘은 금이 있는 곳을 거짓으로 알려줬다.

⑤ 소년은 금이 묻힌 나무를 빨간 천으로 표시해두었다.

2 본문을 읽고 다음 문장의 빈칸에 들어갈 말로 적절한 것은?

> The boy returned home empty-handed, because
> _____.

① he lost the gold in the middle of the forest.

② he could not find the tree on which he tied the red cloth.

③ the leprechaun hid the gold from him.

④ the leprechaun stole the gold from him.

⑤ someone already unearthed the buried gold.

3 본문의 "leprechaun" 에 관한 설명으로 옳지 <u>않은</u> 것은?

① They are famous for their treasure.

② The leprechaun brought a shovel to the boy.

③ They have to tell the truth if they are caught.

④ The leprechaun caught by the boy told him where the gold was buried.

⑤ The leprechaun caught by the boy was making shoes.

4 본문에 밑줄 친 ⓐ의 의미를 문맥을 통해 추론해보세요.

_____

28

여자친구의
미모를 보니
전생에 나라를
구했군요.

Many people believe in karma. In its original language of Sanskrit, karma means "action" or "doing something". More specifically, karma means "deeds" that you did in your past life. It is believed that someone's karma in the past life has a great impact on his or her current life and also, karma in the current life will affect the next life.

There is good karma and bad karma. If you do something nice to someone, something nice will happen to you. That is good karma. If you do something bad to someone, something bad will happen to you. That is bad karma. An American phrase that describes this might be: "<u>What goes around comes around</u>."

Words

karma
original
Hinduism
phrase
describe
Buddhism
cause
effect

There is a big difference about karma between Hinduism and Buddhism. In Hinduism, the gods give you karma. (A)_____, in Buddhism, karma just happens naturally by cause and effect. Good actions lead to good results. (B)_____ if you help poor people, something good will happen to you *regardless of God's will.

*regardless of God' s will   신의 의지와는 상관없이

1 본문의 빈칸 (A)와 (B)에 들어가기 알맞은 것을 고르세요.

	(A)		(B)
①	On the other hand	–	For example
②	On the other hand	–	However
③	Moreover	–	However
④	Moreover	–	For example
⑤	As a result	–	For example

2 본문의 "karma"에 대한 설명과 일치하지 <u>않는</u> 것은?

① 산스크리트어로 "행동" 또는 "무엇을 하는 것"이라는 의미이다.

② 힌두교와 불교에서 똑같은 의미로 사용되는 용어이다.

③ 힌두교에는 좋은 karma와 나쁜 karma가 있다.

④ 불교에서는 단순히 원인과 결과의 관계를 나타낸다.

⑤ 과거의 karma는 현재의 삶에 영향을 미친다.

3 본문에 밑줄 친 문장과 의미가 통하는 것을 고르세요.

① 일찍 일어나는 새가 벌레를 더 잡아먹는다.

② 사공이 많으면 배가 산으로 간다.

③ 서당개 삼 년이면 풍월을 읊는다.

④ 뿌린 대로 거둔다.

⑤ 피가 물보다 진하다.

4 이 글을 읽고 알 수 <u>없는</u> 것은?

① 산스크리트어에서 Karma의 뜻

② 힌두교에서 사용하는 Karma의 의미

③ 불교에서 사용하는 Karma의 의미

④ Karma의 종류

⑤ 불교의 기원

Words Test

다음 영어 단어의 뜻을 적으시오.

01	agree		20	Founding Father	
02	bonfire		21	government	
03	Buddhism		22	guide	
04	caffeine		23	herd	
05	cause		24	Hinduism	
06	Constitution		25	independence	
07	control		26	karma	
08	Declaration of		27	leprechaun	
09	Independence		28	miss	
10	defeat		29	original	
11	delicious		30	realize	
12	demand		31	respect	
13	describe		32	roast	
14	determine		33	shepherd	
15	document		34	shovel	
16	effect		35	snatch up	
17	empty-handed		36	strangely	
18	exist		37	underneath	
19	foundation				

section

8

award 〉〉 수여하다

be interested in~ 〉〉 ~에 관심을 갖다

build 〉〉 짓다

by chance 〉〉 우연히

candidate 〉〉 후보자

chat 〉〉 잡담하다

cheat on 〉〉 바람 피우다

condition 〉〉 상태

conduct 〉〉 수행하다

during 〉〉 ~ 동안에

experiment 〉〉 실험

experience 〉〉 경험하다

fellow 〉〉 동료

frightening 〉〉 무섭게 하는

from time to time 〉〉 때때로

harmless 〉〉 무한한

heaven 〉〉 천국

honor 〉〉 존경하다

incident 〉〉 사건

judge 〉〉 심판하다

launch 〉〉 발사하다

make friend 〉〉 친구가 되다

make sure 〉〉 반드시 ~하도록 하다

midsize car 〉〉 중형차

monument 〉〉 기념비

natural 〉〉 자연스러운

occur 〉〉 일어나다

orbit 〉〉 궤도를 돌다

patiently 〉〉 참을성 있게

pioneer 〉〉 개척자

pop up 〉〉 불쑥 나타나다

pressure 〉〉 압박, 압력

rather 〉〉 차라리

remember 〉〉 기억하다

reply 〉〉 대답하다

report 〉〉 보고하다

research facility 〉〉 연구소

right 〉〉 권리

satellite 〉〉 위성

scary 〉〉 무서운

say hello 〉〉 안부를 전하다

sleep paralysis 〉〉 가위 눌림

sleeping cycle 〉〉 수면 주기

sooner than later 〉〉 일찌감치

space craft 〉〉 우주선

survive 〉〉 살아남다

useful 〉〉 유용한

wall 〉〉 벽, 담벼락

There are people who often experience something called sleep paralysis. <u>Sleep paralysis</u> is a condition in which you wake up from sleeping, but cannot move your body. Some people report seeing ghosts and other scary things during sleep paralysis. It can certainly be a frightening experience. However, according to science, sleep paralysis is a natural condition that happens to anyone from time to time. Did you know that sleep paralysis can also occur before falling asleep? When a person is sleeping, the mind enters into "sleep" mode. Sometimes, the mind is still awake even after the rest of the body has begun to sleep. In those situations, the mind will be wide awake even though the body is not.

Words

experience
sleep paralysis
report
scary
during
frightening
natural
from time to time
occur
patiently
harmless
sleeping cycle

If sleep paralysis happens to you, remember to stay calm and wait patiently until you can begin to move your body. Sleep paralysis usually doesn't last very long. Although it is harmless, if you really want to avoid sleep paralysis, make sure to get plenty of sleep on a regular sleeping cycle. This will help your mind and body to go to sleep and wake up at the same time.

1 본문에 밑줄 친 단어 <u>sleep paralysis</u>의 뜻을 문맥을 통해 추론해보세요.

---

2 본문에서 색칠한 단어의 뜻을 문맥을 통해 추론해보세요.

		*	마비
sleeping cycle	*	*	자연스러운
harmless	*	*	수면과정
natural	*	*	수면주기
		*	무해한

3 sleep paralysis의 상태일 때, 증상 2가지를 한글로 적으세요.

1. _____

2. _____

4 본문에 대한 설명과 일치하지 <u>않는</u> 것을 고르세요.

① Some people experience sleep paralysis frequently.

② Some people say that they saw ghosts and other scary things during sleep paralysis.

③ Sleep paralysis doesn't last long.

④ When you experience sleep paralysis, staying calm and waiting patiently is recommended.

⑤ Scientists say sleep paralysis only happens to children.

30

Words

- useful
- make friends
- pop up
- wall
- chat
- say hello
- build
- remember
- pressure
- reply
- be interested in
- rather
- sooner than later

If you are interested in someone, the 'Like' button on Facebook can be useful. I will explain how to use Facebook to make friends with someone you are interested in.

If you click the 'Like' button, your name will pop up on the person's wall. It's important to let that person know that you want to get to know him or her. Getting a 'Like' will make the person happy. That is one way you can introduce yourself to someone on Facebook.

Next, you can try chatting with the person. You can send him or her a message through the Facebook's messenger service. You can say hello and slowly build a relationship. Once you and the person get to know each other better, you can talk every day.

You should remember that timing is very important. Don't write on the person's wall if you two are not very close. Do not pressure the person to reply to you. If the person doesn't reply to your messages or "Like" buttons, the person may not be interested in you. In that case, it's better to stop sooner rather than later.

단어 추론

1 본문에서 색칠한 단어의 뜻을 문맥을 통해 추론해보세요.

* 기억하다

pop up   *   * 차라리

introduce   *   * 일찌감치

sooner than later   *   * 불쑥 나타나다

* ~에 관심을 갖다

2 다음 빈칸에 적절한 단어를 본문에서 찾아 쓰세요.

Facebook is _____ to make friend with someone.

① common   ② particular   ③ useful

④ unique   ⑤ ordinary

3 다음 본문에 대한 설명과 일치하지 <u>않는</u> 것을 고르세요.

① 만약 당신이 '좋아요' 버튼을 누른다면 당신의 이름이 그 사람의 담벼락에 뜰 것이다.

② 페이스북 메신저를 통해 금방 친해질 수 있다.

③ 별로 친하지 않은 관계일 때는 담벼락에 글을 쓰지 않는 것이 좋다.

④ 상대방에게 답변을 달도록 압박하지 않는 것이 좋다.

⑤ 당신의 메시지나 '좋아요' 버튼에 답을 하지 않는다면 그만 연락을 하는 게 나을 것이다.

31

누구에게나
비밀은 있다

Words

heaven
judge
cheat on
award
midsize car
by chance

Three men died and went to heaven. They stood in a line and waited for God to judge them.

God asked the first man if he had ever cheated on his wife. He told God he had cheated on his wife two times. God awarded him a small car. God asked the second man if he had ever cheated on his wife. He told God he had cheated on his wife one time. God awarded him a midsize car. God asked the third man if he had ever cheated on his wife. He told God he had never cheated on his wife. God told him he was proud of him and gave him a fancy sports car. A few days later, the three men met by chance. The man driving the sports car was crying. The other two men were surprised. "Why are you crying?" they asked. The man replied, "I just drove by my wife, and she was walking!"

1 본문에서 색칠한 단어의 뜻을 문맥을 통해 추론해보세요.

*   포함하다

judge   *   *   바람을 피우다

cheat on   *   *   통곡하다

award   *   *   수여하다

*   판단하다

2 본문에 대한 설명과 일치하지 <u>않는</u> 것을 고르세요.

① 세 명의 남자가 천국에서 신의 심판을 받았다.

② 하느님은 남자들에게 바람을 폈는지 물어보았다.

③ 2번 바람을 핀 남자는 오토바이를 받았다.

④ 1번 바람을 핀 남자는 중형차 자동차를 받았다.

⑤ 한 번도 바람 피지 않는 남자는 스포츠카를 받았다.

3 본문을 읽고 추론할 수 있는 것은 무엇인가요?

① 2번 바람을 핀 남자의 부인은 한 번도 바람을 피지 않았다.

② 신은 부인이 없는 남자에게는 오토바이를 준다.

③ 한 번도 바람 피지 않은 남자의 부인은 바람을 많이 폈다.

④ 1번 바람 핀 남자의 부인은 한 번도 바람을 피지 않았다.

⑤ 바람을 피면 천국으로 가지 못한다.

32

우주비행 실험에

희생된 개,

라이카

Words

- satellite
- launch
- experiment
- conduct
- candidate
- survive
- honor
- pioneer
- fellow
- incident
- orbit
- space craft
- right
- monument
- research facility

The first man-made satellite, known as Sputnik 1, was launched in October 1957 by Russia. After the success of the launch, Russian scientists wanted to try another experiment. Their interests were to see whether living things could survive in space. They used a dog to conduct this experiment. Several stray dogs from the streets of Moscow were captured and tested as candidates. The best candidate was finally chosen and she was named Laika or "Little Curly." Americans called her "Muttnik"—the Sputnik mutt!

Laika was launched aboard Sputnik 2 on November 3, 1957. She survived the launch and orbited Earth four times. Unfortunately, the spacecraft could not be brought back to Earth, and Laika died in space.

As a result of this incident, the issue of animal rights became a hot topic around the world. Laika's death was honored like her fellow human astronauts. In Russia, a monument of Laika was placed at a research facility. Although Sputnik 2 was her one and only flight, Laika is still remembered as a space pioneer.

단어 추론

1 본문에서 색칠한 단어의 뜻을 문맥을 통해 추론해보세요.

	* 궤도를 돌다
conduct *	* 떨어지다
candidate *	* 후보자
orbit *	* 수행하다
	* 연구원

2 다음 문장은 본문의 내용입니다. 빈칸에 알맞은 단어를 본문에서 찾아 쓰세요.

> After Laika died, the problem of _____
> _____ spread all over the world.

3 본문에 대한 설명과 일치하지 <u>않는</u> 것을 고르세요.

① 스푸트닉 1호는 러시아가 쏘아 올린 최초의 인공위성이다.

② 스푸트닉 1호에는 개 한 마리가 타고 있었다.

③ 스푸트닉 2호는 1957년 11월에 발사됐다.

④ 라이카는 떠돌이 개였다.

⑤ 라이카는 우주여행 후 무사히 돌아오지 못했다.

A man gave 20 flowers to a young lady.
One was a fake flower and the other flowers were real.
He told the young lady,
"My love for you will not change until
every flower dies."

한 남자가 꽃 20송이를 젊은 여자에게 주었다.
한 송이는 조화였고 나머지는 생화였다.
그는 여자에게 말했다.
"너에 대한 내 사랑은 여기있는 모든 꽃들이
시들 때까지 변하지 않을거야."

Words Test

다음 영어 단어의 뜻을 적으시오.

01	at the same time		29	midsize car	
02	avoid		30	monument	
03	awake		31	natural	
04	award		32	occur	
05	be interested in~		33	orbit	
06	build		34	patiently	
07	by chance		35	pioneer	
08	candidate		36	plenty of	
09	chat		37	pop up	
10	cheat on		38	pressure	
11	condition		39	rather	
12	conduct		40	regular	
13	during		41	remember	
14	experiment		42	reply	
15	experience		43	report	
16	fall asleep		44	research facility	
17	fellow		45	rest	
18	frightening		46	right	
19	from time to time		47	satellite	
20	harmless		48	scary	
21	heaven		49	say hello	
22	honor		50	sleep paralysis	
23	incident		51	sleeping cycle	
24	judge		52	sooner than later	
25	last		53	space craft	
26	launch		54	survive	
27	make friend		55	useful	
28	make sure		56	wall	

section

9

a variety of 〉〉 다양한
all of the sudden 〉〉 갑자기
alright 〉〉 괜찮은
arrive 〉〉 도착하다
as soon as 〉〉 ~하자마자
as soon as possible 〉〉 가능한 빨리
assemble 〉〉 모으다
astonished 〉〉 깜짝 놀란
attraction 〉〉 관광 명소
backseat 〉〉 뒷자석
be filled in 〉〉 ~에 채워지다
be formed 〉〉 형성되다
be surrounded by 〉〉 ~로 둘러 쌓여있다
block 〉〉 막다
brighten 〉〉 밝히다
combination 〉〉 조합
crown 〉〉 왕관
curvy 〉〉 구불구불한
demand 〉〉 요구하다
doorstep 〉〉 문턱
dragon 〉〉 용
Easter 〉〉 부활절
employee 〉〉 직원
entrance 〉〉 입구
expect 〉〉 기대하다, 예상하다
fall in love 〉〉 사랑에 빠지다
float 〉〉 떠다니다
follow 〉〉 따르다, 따라오다
for a while 〉〉 잠시 동안
freedom 〉〉 자유
frightened 〉〉 겁먹은, 무서워하는
headlight 〉〉 전조등, 헤드라이트
hen 〉〉 암탉
hollow 〉〉 비어있는
jar 〉〉 항아리
keep ~ing 〉〉 계속해서 ~하다
material 〉〉 물질, 재료

million 〉〉 백만
mix up 〉〉 ~을 뒤죽박죽 만들다
nervous 〉〉 불안해 하는
notice 〉〉 알아차리다
order 〉〉 주문하다, 명령하다
ordinary 〉〉 보통의
pride 〉〉 자긍심
protect 〉〉 보호하다
put together 〉〉 합치다
relationship 〉〉 관계
represent 〉〉 나타내다
rich 〉〉 풍부한, 부유한
royal 〉〉 왕실의
run away 〉〉 달아나다
Russia Revolution 〉〉 러시아 혁명
security guard 〉〉 경비원
self-respect 〉〉 자존심
shell 〉〉 껍질
stay 〉〉 머무르다
straight 〉〉 곧은
straw 〉〉 지푸라기
symbolize 〉〉 상징하다
terrifying 〉〉 무시무시한
tie 〉〉 묶다
tiny 〉〉 아주 작은
traditional 〉〉 전통적인
uncomfortable 〉〉 불편한
unique 〉〉 독특한
upright 〉〉 수직으로 똑바른
vertically 〉〉 수직으로
volcano 〉〉 화산
wildlife 〉〉 야생
wizard 〉〉 마법사
World War I 〉〉 1차 세계대전
yell 〉〉 소리치다

33

러시아 황제의
로맨스,
예술이 되다

Words

Easter
traditional
unique
order
ordinary
shell
hollow
hen
straw
crown
tiny
astonished
royal
material
assemble
put together
World War I
Russia Revolution
million

In 1885, Czar Alexander III, the ruler of Russia, wanted to give his wife Maria a gift for Easter. In Russia, the traditional Easter gift was an egg, but the Czar wanted something more special. So, he asked an artist to create a special egg. Hence, the artist created a very unique Easter egg as the Czar ordered. His name was Peter Carl Fabergé. It looked like an ordinary egg from the outside. However, there was a "*yolk" made of gold inside the shell. Inside the hollow yolk was a small golden hen resting on a bed of golden straw. Inside the hen were a miniature diamond crown and a tiny ruby egg. Maria, the Czarina, was astonished with the gift. From then on, Fabergé obtained great fame as an artist and continued to make one egg a year for the royal family. He could only make one egg a year because the materials were very difficult to assemble and put together. Unfortunately, during World War I and the Russian Revolution, some of the eggs were lost. Fabergé's eggs can be found today in many museums all over the world. Nine of his eggs were sold for 90 million dollars in 2004!

*yolk 계란 노른자

단어 추론 ★

1 본문에서 색칠한 단어의 뜻을 문맥을 통해 추론해보세요.

	*	속이 비어있는
ordinary	*	* 성공한
hollow	*	* 평범한
astonished	*	* 깜짝 놀란
	*	유명한

2 본문 글과 가장 잘 어울리는 제목을 골라 보세요.

① Traditional Russian Easter gift

② Fabergé's unique Easter eggs

③ Czar Alexander III, the Great King

④ The life of the Russian royal family

⑤ The life of Peter Carl Fabergé

3 본문에 대한 설명과 일치하지 <u>않는</u> 것을 고르세요.

① In Russia, people give eggs to each other on Easter.

② Maria was satisfied with Czar's special gift for Easter.

③ Fabergé made a special Easter egg for his wife.

④ Fabergé made the Easter egg only once a year.

⑤ Fabergé's eggs can be found in many museums these days.

34

100년 넘게
수직으로
떠다니는

Words

unique
volcano
be surrounded by
a variaty of
rich
wildlife
be formed
be filled in
float
vertically
mix up
tie
attraction

There is something very unique about Oregon's Crater Lake. The lake, once a volcano, is now surrounded by green forests and a rich variety of wildlife. It was formed when the volcano died and was filled in with water. But that is not what is unique about Crater Lake. There is a 30-foot-tall tree *stump called "the Old Man of the Lake" that floats around in the water. Why is it unique? It is unique because it floats vertically and moves around the lake. How does the long stump float upright?

*stump 그루터기 (나무를 베고 남은 부분)

Scientists believe that the tree has rocks mixed up in its roots, and this makes the tree float vertically in the water. Even so, the Old Man is very old. It has been there for over a hundred years! Scientists are not sure how the Old Man has existed that way for a long time. However, the really strange thing is that whenever the Old Man is tied down, the weather seems to get bad on the lake. But, if it floats around freely, the weather stays good. This mystery is one of the reasons that make Crater Lake an attraction to visitors.

단어 추론

1 본문에서 색칠한 단어의 뜻을 문맥을 통해 추론해보세요.

*   * 수직으로

float   *   * 떠다니다

vertically   *   * 수평으로

tie   *   * 풀다

       * 묶다

2 다음 문장은 본문의 내용입니다. 빈칸에 알맞은 단어를 본문에서 찾아 쓰세요.

> There is an unique _____ in the Oregon's
> Crater Lake that _____ on the lake.

① tree root   –   attracts

② tree root   –   records

③ tree stump   –   floats

④ tree stump   –   attracts

⑤ boat   –   floats

3 본문의 "the Old Man of the Lake"에 관한 설명으로 옳지 <u>않은</u> 것을 고르세요.

① 호수에 떠다니는 나무 그루터기의 이름이다.

② 과학자들은 이 그루터기가 떠다니고 있는 원인을 밝혀내지 못했다.

③ 이것을 묶어 놓으면 날씨가 안 좋아지는 것처럼 보인다.

④ 많은 사람들은 이것을 보기 위해 방문한다.

⑤ 100년 전 어느 노인이 이 그루터기를 호수 위에 띄웠다.

정답 및 해설   p.26

4 본문을 읽고 추론할 수 <u>없는</u> 것은 무엇인가요?

① 오레곤 화산호는 숲으로 둘러 쌓여있다.

② 100년 넘게 화산호에 나무 그루터기가 떠다닌다.

③ 나무 그루터기가 떠다니는 이유는 화산호의 물살 때문이다.

④ 많은 사람들이 화산호를 방문하게 하는 특별한 이유가 있다.

⑤ 오레곤 화산호는 화산이 죽었을 때 형성됐다.

35

내가 예뻐서
쫓아온 줄
알았지

Words

notice
employee
nervouse
alright
uncomfortable
as soon as possible
for a while
follow
keep ~ing
brighten
frightened
run away
arrive
as soon as
yell
stay
terrifying
headlight
backseat
protect

A young lady was going home from her office. She got into her car and started driving. She stopped at a *drive-thru for some food. At the drive-thru, she noticed that an employee seemed very nervous. The employee asked her if she was alright again and again. The lady felt uncomfortable, so she left as soon as possible.

* drive- thru: 차에서 주문할 수 있는

    After she drove for a while, she noticed that there was a car following her and the driver who was following her was the employee. The car kept brightening its lights. The young lady was very frightened now.

She tried to run away, but the car kept following her. Finally, the lady arrived at her home. As soon as she parked her car, she jumped out and ran inside. As she was running, she heard the employee who had followed her yelling. He shouted at her to call the police and stay in the house.

The young lady soon learned a terrifying truth. When his car came near hers, her car was brightened by his headlights. In her backseat, there was a man with a large knife. The employee followed her to protect her.

1   본문에서 색칠한 단어의 뜻을 문맥을 통해 추론해보세요.

*   불편한

notice   *   *   기분좋은

uncomfortable   *   *   소리치다

frightened   *   *   알아차리다

                   *   무서운

2   그 직원은 왜 계속해서 불을 밝히며 그녀를 쫓아왔나요?

① 거스름돈을 챙겨주려고

② 위협을 가하려고

③ 보호해주려고

④ 놓고 간 물건을 챙겨주려고

⑤ 마음에 들어서

3   그녀는 어떻게 진실을 알게 됐나요?

① 직원이 큰소리로 알려줘서

② 경찰이 발견해서

③ 직원의 전조등 때문에

④ 누군가가 그녀에게 전화해서

⑤ 그녀가 뒷좌석을 보게 되어서

36

Words

wizard
jar
dragon
demand
doorstep
all of the sudden
security guard
block
entrance
symbolize
self-respect
pride
freedom

Psychological test 1 (심리테스트)

* 옆 페이지를 먼저 보면 안돼요

You are walking home one day when you meet a wizard. He gives you 4 objects: a mask, a jar, a pair of wings, and a cake.

You take your gifts and keep walking until you meet a dragon. The dragon will not let you pass unless you give it one of your gifts. <u>Which one would you give the dragon?</u>

After giving the dragon one of your gifts, you continue to walk. Soon, you run into an angry giant. He demands a gift. <u>Which one do you give him?</u>

You have finally arrived at your doorstep. All of a sudden, a scary-looking security guard runs up and blocks your entrance. You have two gifts left. <u>Which one do you give the security guard?</u>

You are home now. <u>Which gift are you still holding?</u>

Analysis

Each gift symbolizes something.

The gift you are holding at the end symbolizes something that you care for most.

The mask ——— self-respect, pride

The jar ——— money

The wings ——— freedom

The cake ——— love

Words

straight
curvy
fall in love
combination
expect
relationship
represent

Psychological test 2 (심리테스트)

* 옆 페이지를 먼저 보면 안돼요

Imagine that you are walking to your boyfriend or girlfriend's house...

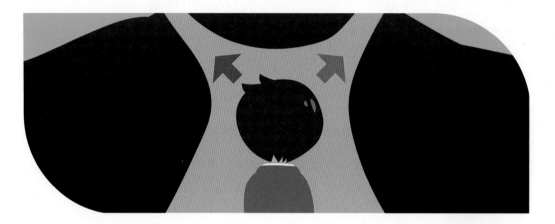

1.   There are two roads. One is a straight road which is quicker than the other but is very simple and boring. The other is curvy and the view is wonderful, but takes quite a long time to get your loved one's house. Which road do you choose? Short or long?

2. On the way, you see two kinds of roses. There are white roses and red roses. You decide to pick 20 roses for your lover. Which color do you choose? You can choose only one color or you can pick both.

Analysis

정답 및 해설   p.28

1. Which road do you choose to take to your love's house? The roads show your reaction towards falling in love. If you chose the short one, you fall in love quickly and easily. If you chose the long one, you do not fall in love quickly.

2. What combination of roses do you choose to give your love? The number of red roses shows how much you expect to give in a relationship. White roses represent how much you want to get back. So, if you choose all red with one white, you give 95% in the relationship, but want to get only 5% back.

Words Test

다음 영어 단어의 뜻을 적으시오.

01	a variety of		38	million	
02	all of the sudden		39	mix up	
03	alright		40	nervous	
04	arrive		41	notice	
05	as soon as		42	order	
06	as soon as possible		43	ordinary	
07	assemble		44	pride	
08	astonished		45	protect	
09	attraction		46	put together	
10	backseat		47	relationship	
11	be filled in		48	represent	
12	be formed		49	rich	
13	be surrounded by		50	royal	
14	block		51	ruby	
15	brighten		52	run away	
16	combination		53	Russia Revolution	
17	crown		54	security guard	
18	curvy		55	self-respect	
19	demand		56	shell	
20	doorstep		57	stay	
21	dragon		58	straight	
22	Easter		59	straw	
23	employee		60	symbolize	
24	entrance		61	terrifying	
25	expect		62	tie	
26	fall in love		63	tiny	
27	float		64	traditional	
28	follow		65	uncomfortable	
29	for a while		66	unique	
30	freedom		67	upright	
31	frightened		68	vertically	
32	headlight		69	volcano	
33	hen		70	wildlife	
34	hollow		71	wizard	
35	jar		72	World War I	
36	keep ~ing		73	yell	
37	material				

section 10

a game of chance >> 운으로 하는 승부

agree >> 동의하다

assistance >> 도움

babysitter >> 아이를 봐주는 사람

blacksmith >> 대장장이

blindfolded >> 눈을 가린 채

borrow >> 빌리다

breath >> 숨을 쉬다

broke >> 무일푼의

calm >> 평온한

cruel >> 잔인하다

debt >> 빚

decide >> 결정하다

demand >> 요구하다

determined >> 굳게 결심한

downstairs >> 아래층으로

draw out >> 꺼내다

exclaime >> 외치다

force to >> 억지로 ~하다

forgiveness >> 탕감

hysterically >> 병적으로 흥분한

in exchange for >> ~와 교환으로

laughter >> 웃음 소리

look for >> ~을 찾다

lose one's grip >> ~을 놓치다

notice >> 알아차리다

offer >> 제안

pay back >> 갚다

playful >> 농담의

pretend >> ~인 척하다

propose >> 제안하다

refuse >> 거절하다

remain >> 남아있다

suggest >> 제안하다

survive >> 생존하다

trace >> 추적하다

trade >> 거래

upstairs >> 위층

Words

Long time ago, there was a small town near a river. In the small town lived a very poor blacksmith. To survive, he often had to borrow money from a rich farmer. One day, the farmer demanded the blacksmith pay back his debts. What the farmer actually wanted, however, was not money. He actually wanted the blacksmith's daughter who was very beautiful. Because he knew the blacksmith ⓐ<u>was broke</u>, he proposed a trade: forgiveness of his debts in exchange for his daughter's hand in marriage. Not only was the farmer very ugly, but he was also very cruel. Thus, the blacksmith refused his offer.

But the farmer really wanted to marry the blacksmith's daughter. He suggested they play a game of chance. The rule of the game is to first, put two small rocks, a black one and a white one, inside an empty bag. The girl would then pick a rock while she was ⓑ<u>blindfolded</u>. If she picked the white rock, she would not marry him and the debts would not have to be paid back. If she picked the black rock, the debts would also not have to be paid back, but she would have to marry the farmer. If she did not pick a rock, the farmer would put the blacksmith in prison.

잘 이해하고 있나요?

1 다음 밑줄 친 ⓐ의 의미를 문맥을 통해 추론하세요.

① 넘어졌다   ② 파산했다   ③ 기분이 나빴다

2 다음 밑줄 친 ⓑ의 의미를 문맥을 통해 추론하세요.

① 눈이 멀었다   ② 눈을 가렸다   ③ 눈물을 흘렸다

Since there was little they could do, the blacksmith and his daughter agreed to play the game. They went out onto a road where there were many rocks on the ground. The farmer picked up two small rocks. Just before he put them in the bag, the blacksmith's daughter noticed that (A)<u>there were actually two black rocks in the farmer's hand!</u> The farmer then ⓐ<u>held out</u> the bag to the young lady.

agree
notice
draw out
pretend
lose one's grip
exclaim
remain
force to

Luckily, not only was the young lady beautiful, but she was also very smart. She picked up a rock from inside the bag. However, as she was drawing it out of the bag, she pretended to lose her grip and dropped the rock onto the ground where there were many rocks of all colors. They could not know which rock she had dropped. "Oh no! I am so sorry!" she exclaimed. "Let's look inside the bag for the remaining rock. Its color will tell us if I picked a white rock or a black rock."

Because the rock in the bag was black, the farmer was forced to forgive the blacksmith's debts and let the young lady go free. By being ⓑquick-witted, the young lady was able to turn a bad situation into a very good one.

1 농부가 밑줄 친 (A)처럼 행한 이유가 무엇인지 추론하여 한글로 적어주세요.

_____

2 다음 밑줄 친 ⓐ의 의미와 가장 가까운 단어를 고르세요.

① carry   ② drop   ③ give

3 다음 밑줄 친 ⓑ의 의미와 가장 가까운 단어를 고르세요.

① 달리기가 빠른   ② 재치가 있는   ③ 성질이 급한

❋ 종합문제 ❋

1 본문의 "blacksmith" 에 대한 설명으로 옳지 <u>않은</u> 것은?

① He owes money to the rich farmer.

② He has a beautiful daughter.

③ He was blind-folded.

④ He first refused the farmer's offer.

⑤ He did not need to pay back the debt thanks to his daughter.

2 본문의 내용과 일치하는 것은?

① 대장장이의 딸은 농부에게 돈을 빌렸다.

② 농부는 대장장이 딸과 자신의 아들을 결혼시키려 했다.

③ 농부는 대장장이에게 딸과 결혼하는 대가로 빚을 탕감해주겠다고 했다.

④ 대장장이는 주머니에 흰 돌 두 개를 넣었다.

⑤ 대장장이는 매우 못생겼다.

3 이 글이 주는 교훈은 무엇인가요?

① 돌다리도 두드리고 건너라.

② 하늘이 무너져도 솟아날 구멍이 있다.

③ 자라 보고 놀란 가슴 솥뚜껑 보고 놀란다.

④ 말 한마디로 천냥 빚을 갚는다.

⑤ 얼굴이 예뻐야 마음씨도 곱다.

베이비시터도
극한 알바입니다

Words

look for
decide
babysitter
calm
breath
downstairs
playful
assistance
trace
hysterically
upstairs
laughter

A young girl who was looking for a job decided to apply as a babysitter for a couple who lived in a house far away. The couple asked the babysitter to take care of their young children while they were at the movies.

When it got late, the babysitter put the children to bed and went downstairs to watch the television. Suddenly, the phone started ringing. When she picked up the phone, she heard a man's heavy breathing and a man's voice that asked, "Have you checked on the children?"

She was confused and hung up immediately. She tried to calm herself by thinking that it was a <u>playful joke</u> that someone was trying to play on her. About 15 minutes later, the phone rang again. She picked up the phone and heard (a)<u>hysterical</u> laughter from the other end of the line. The same voice asked "Why haven't you checked on the children?"

잘 이해하고 있나요?

1 본문에 밑줄 친 playful joke가 가리키는 것이 무엇인지 본문에서 찾아 한국말로 적으세요.

_____

2 다음 밑줄 친 (a)의 의미를 문맥을 통해 추론하세요.

① 겁먹은   ② 발작적인   ③ 유쾌한

This time, she immediately called the police and asked for assistance. A police officer told the babysitter that if the man called again, she should try to keep him talking. That would give the police time to (b)<u>trace</u> the call.

After a few minutes had passed, the phone rang again. When she picked up the phone, the voice (c)<u>on the line</u> said "You should really check on the children." The babysitter listened to him laughing hysterically for a long time. She hung up the phone again and almost immediately, it rang again.

This time it was the police officer who yelled, "Get out of the house right now! The calls are coming from the phone upstairs!"

잘 이해하고 있나요?

1 다음 밑줄 친 (b)<u>trace</u>의 의미와 가장 가까운 단어를 고르시오.

① combat   ② control   ③ detect

2 다음 밑줄 친 (c)<u>on the line</u>의 의미를 문맥에 맞게 해석해보시오.

❋ 종합문제 ❋

1 본문에 대한 설명과 일치하지 <u>않는</u> 것을 고르세요.

① 아이들을 재워 놓은 후에 밤 늦게 전화가 왔다.

② 첫 전화를 받은 후에는 자신을 놀리는 거라고 생각을 했다.

③ 걸려온 전화마다 같은 목소리와 이상한 웃음소리가 들렸다.

④ 베이비시터는 무서워서 전화를 끊자마자 즉시 경찰에게 도움을 청했다.

⑤ 경찰은 범인이 집으로 다가오고 있다고 집에서 도망치라고 했다.

2 본문의 분위기로 적절한 것을 고르세요.

① indifferent   ② curious   ③ monotonous

④ frightened   ⑤ irritated

Words Test

다음 영어 단어의 뜻을 적으시오.

01	a game of chance		21	hysterically	
02	agree		22	inexchange for	
03	assistance		23	laughter	
04	babysitter		24	look for	
05	blacksmith		25	lose one's grip	
06	blindfolded		26	notice	
07	borrow		27	offer	
08	breath		28	pay back	
09	broke		29	playful	
10	calm		30	pretend	
11	cruel		31	propose	
12	debt		32	quick-witted	
13	decide		33	refuse	
14	demand		34	remain	
15	determined		35	suggest	
16	downstairs		36	survive	
17	draw out		37	trace	
18	exclaim		38	trade	
19	force to		39	upstairs	
20	forgiveness				

나의 영문법 수준은?

타보름

영어 실력의 진화가 시작된다

영문법 고릴라   〉〉〉   영문법 오스트랄로피테쿠스   〉〉〉   영문법 크로마뇽인

주니어 고릴라 영문법

Level 1,2,3

탄탄한 기초와 흥미 유지를 위한
핵심 반복과 영작 연습!

무료 동영상 강의 및 추가 문제 제공

핵 꿀 잼
Reading

LEVEL 2

| 정답 및 해설 |

section 1

01 / 날 사랑해?　　　　　　　　　본문 p.10

enough	충분한
anymore	더이상
grab	쥐다
forever	영원히

정답

1. ①　2. 상상력을 발휘해서 자유롭게 쓰면 OK!

1. ①

그는 사랑하지 않아서 아니라고 대답한 것이 아니다.

2. 상상력을 발휘해서 자유롭게 쓰면 OK!

예) 너무 오글거리는 남자의 멘트에 실망해서 떠난다,

돈을 요구한다(?), 등등

해석

한 소녀가 한 소년에게 그녀가 예쁜지 물었다, 그는 "아니"라고 대답했다. 소녀는 그에게 그가 그녀와 영원히 함께 있고 싶은지를 물었다. 그는 "아니"라고 대답했다. 그녀는 그에게 만약 그녀가 떠난다면 울어버릴 것인지 물었다. 그는 "아니"라고 대답했다. 그녀는 충분히 들었으며, 그녀는 더 이상 그 소년을 보고싶지 않다고 말했다.

　그녀가 걸어나갈 때, 그는 그녀의 팔을 잡고, 이렇게 말했다. "너는 예쁘지 않아, 너는 아름다워. 나는 너와 영원히 함께 하고 싶은 것이 아니라, 너와 영원히 함께 있을 필요가 있어. 그리고 네가 떠나가도 나는 울지 않아, 그냥 죽을 뿐이야."

02 / 엄마, 아빠는 어디 있어요?
　　　아기코끼리의 물음　　　　　본문 p.12

need	필요하다
protection	보호
predator	포식자
aunt	이모, 고모
distinct	독특한, 구별되는
in a line	일렬로
That way	그런 방식으로
be on the look out for~	경계하다

정답

1. ②　2. protect

1. ② 특별한

밑줄 친 distinct는 '독특한' 이라는 뜻이다. 엄마 코끼리와 이모 코끼리가 독특하고 특별한 방법으로 아기 코끼리를 보호한다는 내용이므로 special과 바꿔서 쓰기 가장 적합하다.

① 웃기는　③ 평범한　④ 단순한　⑤ 무서운

2. protect

> 아기 코끼리의 엄마와 이모는 포식자들로부터 아기를 <u>보호하기</u> 위해서 독특한 방식으로 걷는다.

· in order to: ~하기 위해서

해석

아기 코끼리는 많은 보호를 필요로 한다. 이것은 아기 코끼리를 죽일지도 모르는 많은 포식자들이 있기 때문이다. 아기 코끼리의 어미와 이모는 독특한 방법으로 새끼를 보호한다. 코끼리들은 한 줄로 걷는다. 이모 코끼리는 아기 코끼리의 뒤에서 걷고 엄마 코끼리는 항상 아기 코끼리 앞에서 걷는다. 그런 방식으로 그들은 어떤 배고픈 사자나 호랑이들이라도 경계할 수 있다.

03 / 주사기 공포증   본문 p.14

go to the doctor	병원에 가다
examine	검사하다
receive a shot	주사를 맞다
needle	바늘

정답

1. ③   2. ②

1. ③

보기 중에는 주사가 맞기 싫어서 다른 사람이 맞아 주었으면 하는 것이 가장 가능성 있다.

2. ②

"죄송하지만, 제 팔이 아니라, 당신의 팔에 놓아야만 합니다."

① "네, 저는 준비됐습니다."
③ "저는 주사 맞기 싫습니다."
④ "그럴 수 없어요, 주사는 너무 아픕니다."
⑤ "그렇게 말해주셔서 기쁘군요."

해석

한 여자가 몸이 좋지 않아서 병원에 갔다. 검사를 한 후, 의사는 그녀에게 주사를 맞아야 한다고 말했다. 간호사 한 명이 들어와서 어디에 주사를 맞고 싶은지 그녀에게 물어보았다. 그 여자는 그녀가 주사를 맞을 곳을 정말로 고를 수 있는지 물어보았다. 간호사가 그렇다고 하자, 그녀는 간호사에게 말했다. "좋아요, 그럼. 당신의 오른팔에 놓아주세요."

04 / 펭귄과 북극곰이
친구가 될 수 있을까?   본문 p.16

penguin	펭귄
polar bear	북극곰
impossible	불가능한
the North Pole	북극
the South Pole	남극
entirely	완전히
different	다른
each other	서로서로
end up ~ing	결국 ~로 끝나다

정답

1. ②   2. ⑤

1. ②

글에 따르면 현재 북극곰은 북극에 살고 펭귄은 남극에 살기 때문에 서로 만날 수조차 없으므로 북극곰이 펭귄을 먹고 살 수 없다. 따라서 ②번이 내용과 일치하지 않는다.

2. ⑤ 다른

> 북극곰과 펭귄은 완전히 <u>다른</u> 장소에 살기 때문에 친구가 될 수 없다.

글에서 북극곰과 펭귄은 서로 각각 북극과 남극에 살기 때문에 친구가 될 수 없다고 했으므로 빈칸에 들어갈 단어로는 '다른'의 뜻을 갖고 는 단어 different가 가장 적절하다.

① 깨끗한   ② 추운
③ 따뜻한   ④ 같은

해석

나는 펭귄과 북극곰이 나오는 텔레비전 쇼를 봤다. 그들은 친구였다. 하지만, 야생에서 펭귄과 북극곰이 친구가 되는 것은 불가능하다. 왜냐하면 북극곰은 북극에서만 발견되고, 펭귄은 남극에서만 발견되기 때문이다. 비록 북극과 남극이 둘 다 춥긴 하지만, 완전히 다른 동물들이 각 극에 산다. 그들은 결코 만난 적이 없으며, 앞으로도 없을 것이다. 참 흥미롭다. 게다가 만약 그들이 결국 만나게 된다 하더라도, 북극곰이 펭귄을 잡아 먹을 걸?

section 2

05 / 네가 죽으면 나도 죽어 　　　　　본문 p.20

entire	전체의
interconnected	서로 연결된
affect	영향을 미치다
have an impact on	영향을 주다
as well	또한
suffer	고통을 겪다
fever	열
headache	두통
appetite	식욕
weak	연약한
deadly	치명적인

정답

1. interconnected

2. interconnected – 서로 연결된
　　have an impact on – 영향을 주다
　　appetite – 식욕

3. ②

1. interconnected

> 한 소년이 한 소녀에게 말했다, "우리는 <u>서로 연결되어 있어</u>, 자기야. 네가 죽으면, 나도 죽어."

3. ②

네가 감기에 걸렸을 때, 오로지 너의 코와 입만이 영향을 받는다. 본문에 감기에 걸렸을 때 단지 고통을 겪는 것은 입이나 코뿐만 아니라 열과 두통도 나고 몸 전체가 허약해지고 식욕도 없어진다고 언급되었다.

① 네가 감기에 걸렸을 때, 너는 너의 몸이 서로 연결되어 있다는 것을 볼 수 있다.
③ 네가 감기에 걸렸을 때, 식욕이 없어진다.
④ 감기가 치명적이지는 않아도, 얼마나 인간의 몸이 서로 연결되어있다는 것을 알려준다.
⑤ 인간의 몸 전체는 서로 연결되어 있다.

해석

인간의 몸 전체는 서로 연결되어있다. 그것은 만약 당신의 몸의 일부가 영향을 받는다면, 몸의 다른 부분 역시 영향을 받는다는 것을 의미한다. 좋은 예는 바로 당신이 감기에 걸렸을 때이다. 고통을 겪는 것은 단지 당신의 입이나 코만이 아니다. 당신은 또한 열이 나고 머리도 아프다. 당신의 몸 전체가 약해진다고 느끼고, 식욕이 없다. 비록 감기가 치명적이지는 않을지라도, 여전히 인간의 몸 전체가 얼마나 서로 연결되어 있는지를 보여준다.

06 / 미 대륙을 감동시킨
폴란드 여배우 본문 p.22

theater	극장
actress	여배우
success	성공
skill	기술, 실력
attend	참석하다
social gathering	사교모임
mostly	대부분의
Polish	폴란드어의
audience	관객
move	감동시키다
performance	연기
shed tears	눈물을 흘리다
recite	암송하다
respect	존경하다

정답

1. attend – 참석하다
   audience – 관객
   recite – 암송하다

2. 감동하다   **3.** Polish alphabet   **4.** ④

2. 감동하다

> 그들은 매우 감동을 받았기 때문에, 심지어는 눈물까지 흘렸다.

3. Polish alphabet

> 사람들은 폴란드 알파벳 암송을 듣고 실제로 감동받았다.

4. ④

   폴란드 관객들은 그녀의 암송에 감동받았다.

글에서 대부분의 관객들이 미국인이었고 그녀의 폴란드 알파벳 암송에 감동을 받았다고 했으므로 설명으로 옳지 않은 것은 ④번이다.

① 그녀는 미국에서 매우 유명해졌다.
② 그녀의 강력한 연기는 그녀를 유명하게 만들었다.
③ 그녀는 한 사교모임에서 폴란드 알파벳을 암송하였다.
⑤ 관객들은 그녀가 그 연기의 진실을 밝혔을 때 깜짝 놀랐다.

해석

미국에서 매우 인기를 끌게 된 폴란드에서 온 여배우가 있었다. 그녀의 이름은 헬레나 모제스카(Helena Modjeska)였다. 미국에서의 그녀의 성공 덕택에, 그녀는 그녀의 강력한 연기 실력으로 전 세계에서 유명하게 되었다. 어느 날 저녁, 그녀는 한 사교모임에 참석했다. 그녀는 대부분이 미국인이었던 청중들에게 폴란드어로 쓴 글을 낭독했다. 사람들은 그녀의 연기에 정말 감동받았다. 청중들 일부는 심지어는 눈물을 흘리기도 했다. 낭독 후에, 사람들은 그 여배우에게 그녀가 읽었던 글이 무엇이냐고 물었다. 그들은 그녀가 그들에게 그녀가 사실은 폴란드 알파벳을 암송한 것이라고 말했을 때 매우 놀랐다. 그들은 그녀의 뛰어난 연기를 더욱 존경하게 되었다.

07 / 오크 섬의 비밀 본문 p.24

legend	전설
lost	잃어버린
treasure	보물
bury	묻다
locate	위치하다
strange	이상한
hole	구멍
investigate	조사하다
dig	파다
stone tablet	비석, 석판
translate	번역하다, 해석하다
injure	부상을 입다(입히다)

1. buried – 묻힌

　　strange – 이상한

　　investigate – 조사하다

2. ④　　　**3.** buried, dug

2. ④

1970년 경에 사람들은 구멍으로 비디오 카메라를 넣어 땅속을 찾아보았지만 아무것도 발견하지 못했고 오로지 부상당한 손 하나만 발견했을 뿐이다.

3. buried, dug

> 탐은 땅에 타임캡슐을 <u>묻었었고</u>, 10년 후에 그는
> 그 타임캡슐을 <u>파냈다</u>.

해석

캐나다의 노바 스코티아(Nova Scotia)의 동쪽에 위치한 섬인 오크 섬에 잃어버린 보물이 묻혀있다고 말하는 전설이 있다. 어떻게 이 전설이 시작되었을까? 1975년, 다니엘 맥기니스라는 한 어린 남자아이가 이상한 표시들이 있는 나무 한 그루를 발견했다. 게다가 나무 옆에는 구멍이 하나 있었다. 그는 누군가 구멍에 값진 무언가를 숨겨놓았을지도 모른다고 생각했다. 그래서 다음날 그는 조사를 하기 위해 그의 친구들을 데리고 왔다. 그 그룹은 땅을 팠으나, 겨우 통나무들, 돌들과 비석 하나 만을 발견해냈다. 그 비석이 해석됐을 때, 그것은 만약에 당신이 40피트가 넘게 땅을 판다면 잃어버린 보물을 찾을 수 있다고 했다! 많은 사람들이 잃어버린 보물을 찾으려고 노력했다. 1970년경에, 사람들은 그 구멍에 비디오 카메라를 넣었지만, 그들은 상처 난 사람 손 하나만을 발견했을 뿐이다.

---

08 / 식신 소냐 토마스　　　본문 p.26

weigh	무게가 나가다
competitive	경쟁력 있는
record	기록
hard-boiled	완숙된
covered	~으로 덮인
finish	끝마치다
exercise	운동하다
regularly	규칙적으로
perform	수행하다
contest	경기

1. competitive – 경쟁력 있는

　　weigh – 무게가 나가다

　　regularly – 규칙적으로

2. ②　　　**3.** ④

2. ② 먹기

> 소냐 토마스는 경쟁력 있는 먹기 대회에서 많은 기록을 깼
> 는데, 건강한 음식을 먹고 규칙적으로 운동을 함으로써 건
> 강을 유지한다.

　　　　　　　　　　　　　　　　· by ~ing ~함으로써

① 운동　　　　　　　③ 수영

④ 달리기　　　　　　⑤ 자전거

3. ④

그녀는 빨리 먹기 대회에서 좋은 성적을 거두기 위해 많은 패스트푸드를 먹는다.

그녀는 건강하게 지내고 빨리먹기 대회에서 좋은 성적을 거두기 위해 건강한 음식과 운동을 규칙적으로 한다고 했으므로 패스트푸드를 많이 먹는다는 ④번의 설명은 알맞지 않다.

① 그녀의 몸무게는 대략 100 파운드이다.
② 그녀는 빨리 먹기 대회에서 많은 기록을 갖고있다.
③ 그녀는 12분 만에 44개의 랍스터를 먹은 기록을 갖고 있다.
⑤ 그녀는 체력관리를 위해 규칙적으로 운동한다.

해석

당신은 소냐 토마스(Sonya Thomas)라고 들어 본적이 있는가? 그녀는 약 100파운드 (약 45킬로그램)이 나가는 여성이다. 그녀는 또한 12분안에 44개의 로브스터를 먹을 수 있는 여성이다. 소냐 토마스는 전 세계의 많은 기록들을 깬 경쟁력 있는 먹기 대회 선수이다. 그녀는 6분 40초내에 완숙으로 삶은 달걀 65개를 단숨에 먹었다. 게다가, 그녀는 또한 8파운드(약 3.6킬로그램) 이상의 칠리와 치즈로 덮인 감자튀김을 10분내에 먹었다. 마지막으로 고작 9분만에 소냐는 11파운드(약 5 킬로그램)의 치즈케이크를 먹어 치웠다! 어떻게 소냐는 고작 100파운드밖에 나가지 않는 것일까? 그녀의 비결은 시간이 있을 때는 (경기가 아닐 때) 건강한 음식만을 먹고 규칙적으로 운동을 한다는 것이다. 그렇게 함으로써 소냐 토마스는 건강을 유지하며 경쟁적인 먹기 대회들에서 더 잘 수행할 수 있는 것이다.

6

0

section 3

09 / 길 잃은 사내　　　　　본문 p30

discover	발견하다
cabin	오두막집
yell	소리치다
empty	아무도 없는, 빈
owner	주인
gradually	점차적으로

정답

1. discover – 발견하다
   empty – 아무도 없는, 빈
   notice – 알아차리다
2. ⑤　　3. ⑤

2. ⑤ 소름이 끼치는
   아무도 없다고 생각했던 집에서 자기 전에 보았던 많은 그림들이 알고보니 창문을 통해 자신을 쳐다보고 있었던 얼굴들이었던 것을 알게되었으므로 소름 끼쳤을 것이다.

   ① 흥분되는　　② 궁금한
   ③ 실망한　　④ 외로운

3. ⑤ 아침에 일어나보니 벽에는 많은 그림들이 벽에 있었다.
   일어나 보니 얼굴 그림들은 없었고 온통 창문 뿐이었다.

   ① 어두워지자 그는 더욱더 길을 잃게 되었다.
   ② 몇 시간동안 걸은 후에 그는 작은 오두막집을 발견하였다.
   ③ 그는 기다렸지만 오두막에서 아무도 대답하지 않았다.
   ④ 그는 침대에서 자기로 결정했다.

해석

어느 날, 한 남자가 숲 속에서 길을 잃었다. 어두워지면서 그는 계속 계속 길을 잃게 되었다. 오랜 시간동안 걸은 후에 그는 나무들 사이에 한 작은 오두막집을 발견했다. 그는 그 오두막집에 가서 문을 두드렸다. 그는 기다렸지만, 아무도 대답을 하지 않았다. 수차례 두드리고 소리친 후에, 그는 문을 밀어 열어보았다. 그 오두막집은 텅 비어있었다. 간소한 침대가 있었고, 집은 따뜻했다. 그 남자는 집에 있으면서 집주인이 오길 기다리기로 결심했다. 기다리다 보니, 그는 점차 졸음이 왔다. 그는 침대에서 자기로 결정했다. 그가 누웠을 때, 벽에 많은 초상화들이 있는 것을 보고 놀랐다. 그는 전에 그것을 알아차리지 못했었다. 비록 그것들이 그저 그림이긴 했지만, 그 얼굴들이 모두 자신을 똑바로 보고 있다고 느꼈다. 그는 무섭다고 느끼고, 얼굴을 베개에 묻고 잠이 들었다. 그는 다음날 상쾌한 채로 일어났다. 그는 침대에 앉아서 주위를 둘러보았다. 벽에는 그림들이 없었다. 사실 벽은 모두 유리로 되어 있었다.

10 / 미국을 상징하는 동물은?   본문 p.32

symbol	상징
remind of	~을 연상하게 하다
figure	도형, 그림
symbolize	상징하다
stripe	줄무늬
recognize	알아보다
represent	나타내다
free	자유로운
independent	독립적인
bald eagle	대머리독수리
value	가치
citizen	시민
share	공유하다

정답

1. symbol   2. ③   3. ①

1. symbol

> a. 비둘기는 평화의 상징이다.
>
> b. 중국의 민속에서 박쥐는 행운의 상징이다.

·dove 비둘기   ·folklore 민속   ·good fortune 행운

2. ③ 미국 상징들에 대한 예시들

미국 국기와 미국 국가 동물들의 예를 들어주고 있다.

① 미국 별의 상징

② 미국 독수리의 상징

④ 미국 국기의 상징들

⑤ 멸종 위기에 처한 대머리 독수리

3. ① 미국에서 대머리 독수리는 자유와 평화를 상징한다.

대머리 독수리는 자유와 평화가 아닌 자유와 독립을 상징한다.

② 미국 국기에 있는 각각의 별은 하나의 주를 상징한다.

③ 미국 국기는 13개의 줄무늬와 50개의 별로 구성되어 있다.

④ 미국 국기의 각각의 줄무늬는 13개의 초기 주들 중 하나를 상징한다.

⑤ 대머리 독수리는 미국의 국가 동물이다.

해석

상징들은 우리가 중요한 무언가를 상기하도록 도움을 준다. 몇 가지 미국의 상징들을 보자. 미국의 상징 중 하나의 예는 바로 미국의 국기이다. 국기에 있는 각각의 도형은 어떤 것을 의미한다. 예를 들어, 하나의 별은 오늘 날의 주(州)를 상징한다. 하나의 줄무늬는 미국의 최초 13주(州)들 중 하나를 상징한다. 미국의 국기에는 13개의 줄무늬와 50개의 별이 있다. 모든 주(州)들은 국기가 주들을 나타낸다는 것을 인지한다. 미국은 또한 상징으로 동물을 이용한다. 대머리 독

수리는 미국의 국가 동물이다. 독수리는 자유롭고 독립적인 동물이기 때문에 상징으로 선택되었다. 미국은 전 세계의 사람들이 미국인들은 대머리 독수리처럼 자유롭고 독립적이라고 생각하길 원했다. 이 대머리 독수리와 깃발과 같은 상징들을 통해 미국 안팎의 사람들은 미국 시민들이 공유하는 가치들을 연상하게 된다.

11 / 배려심이 남다른 우리 장남　　　　본문 p.34

the eldest	가장 나이가 많은
chore	허드렛일, 잡일
fair	공평한
answer	대답하다

정답

1. ④	2. ②	3. ③

1. ④

남자는 자동차와 컴퓨터를 사주는데에 어떠한 조건도 언급하지 않았다. 단지 허드렛일을 도와줄 사람이 누구인지를 물어볼 뿐이었다.

2. ② 선물은 받고 싶지만 의무는 갖기 싫다.

① 고생 없인 낙도 없다.

③ 부전자전

④ 쉬지 않고 일만 하면 바보가 된다.

⑤ 좋은 심성은 좋은 행동에서 비롯된다.

· duty 의무　　　· dull 멍청이　　　· deed 행동

3. ③ 이기적인

좋은 것은 다 자기가 챙기고 안 좋은 것은 남한테 넘기려는 성격이 드러난다.

① 책임감 있는　　　② 정직한

④ 비관적인　　　⑤ 심성이 착한

해석

한 남자에게 두 명의 아들이 있었다. 어느 날, 그는 두 아들들에게 둘 중 한 명에게 차 한 대를 사줄 거라고 말했다. 그는 "누가 차를 가지고 싶니?" 라고 물었다. 그러자, 첫째 아들이 자기가 원한다고 말했다.

아버지는 그리고 나서 둘 중 한 명에게 컴퓨터 한 대를 사줄 거라고 말했다. 그는 "누가 컴퓨터를 가지고 싶니?" 라고 물었다. 다시 한 번, 대답을 한 것은 첫째 아들이었다. 그는 자신이 원한다고 말했다.

그리고 나서 아버지는 둘 중 한 명이 자신의 잡일을 도와줄 필요가 있다고 말했다. 그는 그의 아들들에게, "누가 나를 도와주길 원하니?" 라고 물어보았다. 첫째 아들이 또다시 그에게 대답했다. "저는 항상 아버지를 돕잖아요. 이제는 다른 누군가가 할 차례에요." 라고 말했다.

12 / 부성애를 자극하는 그녀　　　　본문 p.36

clumsy	서투른, 조심성이 없는
bruise	멍
frequently	번번히
delay	지연되다
thumb	엄지 손가락
eventually	결국
suggest	제안하다

정답

1. clumsy – 서투른, 조심성이 없는

　 bruise – 멍

　 suggest – 제안하다

2. ②　　3. ③

2. ② 일회용 반창고의 유래

이 글은 밴드가 발명된 계기를 설명하고 있다.

① 밴드의 광고

③ 멍을 치료하는 방법

④ 조심성이 없는 여자를 보살피는 방법

⑤ 밴드를 가지고 실험하는 방법

3. ③ 그 여자는 남편이 오는 시간을 잊어버렸기 때문에
    저녁식사가 항상 늦어졌다.
  남편이 오는 시간을 잊어버려서가 아니라 자주 그녀의 손을
  다쳤기 때문이다.

  ① 조심성이 없는 여자는 대기업에서 일하는 남편이 있다.
  ② 남편이 일했던 대기업은 '존슨 & 존슨' 이다.
  ④ 그는 테이프를 한조각 잘라서 그것에 중간에 작은 거즈
    조각을 붙였다.
  ⑤ 그의 아이디어 덕분에, 그의 회사는 1924년에 밴드를
    팔기 시작했다.

해석

매우 조심성이 없는 여자가 있었다. 그녀는 항상 자주 베이고 멍
이 들었다. 그녀는 특히 부엌칼로 자주 베이곤 했다.

  그 여자는 대기업에 다니는 남자와 결혼했다. 매일 그는 집
으로 퇴근 후 거실에 앉아, 그녀가 저녁을 만드는 동안 기다렸
다. 부인이 항상 손을 다쳤기 때문에, 불행히도, 저녁 식사는 항
상 늦어졌다.

  하루는, 그 남자가 그의 부인을 도와주기로 결심했다. 그는 테
이프 한 조각을 잘랐고, 그 가운데에 작은 거즈 조각을 올려 놓
았다. 그는 거즈를 부인의 엄지 손가락에 난 상처 위에 올려놓았
고, 손가락을 테이프로 감았다. 그 남자는 이 아이디어를 회사에
제안했다. 이렇게 '존슨 & 존슨사는 일회용 반창고를 1924년부터
팔기 시작했다.

13 / 비행기를 처음 타는 여자   본문 p.40

excited	신이 난
travel	여행하다
by plane	비행기로
travel agent	여행사 직원
answer	대답하다
route	경로
flight	비행
plane ride	비행
reply	답하다
hung up	hang up의 과거형 (전화를 끊다)

정답

1. 여행사 직원이 의도한 뜻: 잠시만 기다려주세요
  젊은 여자가 이해한 뜻: 단숨에 도착합니다
2. route – 경로, 길
  take – 걸리다
  hang up – 끊다
3. ④

1. 여행사 직원이 의도한 뜻: 잠시만 기다려주세요
  젊은 여자가 이해한 뜻: 1분 걸려요

3. ④
  본문에서 여자는 여행사 직원에게 비행이 얼마나 걸리는지 물
  어보았지만 비행기 티켓이 얼마인지는 물어보았다는 내용은 없
  으므로 내용과 일치하지 않는 것은 ④번이다.

9

해석

젊은 여자는 매우 신이 났다. 그녀는 비행기를 타고 샌프란시스코에서 베이징까지 여행할 예정이었다. 그녀는 여행사에 전화를 걸었다. 그녀는 여행사 직원에게 그녀가 샌프란시스코에서 베이징까지 가기를 원한다고 말했다. 여행사 직원은 그녀가 다른 경로들을 선택할 수 있다고 대답했다. 이번은 그녀의 첫 비행기 여행이었다. 그녀는 그 직원에게 물었다. "비행하는 데 얼마나 걸릴까요?" "잠시만요" 라고 직원이 응답했다. 그러자, 그 젊은 여자는 "알겠어요, 매우 감사해요!" 라며 전화를 끊었다.

14 / 통구스카의 대폭발, 외계인의 소행인가   본문 p.42

huge	거대한
explosion	폭발
crash	충돌하다
government	정부
nuclear	핵의
flash	번쩍임
enable	가능하게 하다
distance	거리
influential	영향력 있는
asteroid	소행성
impact	충돌
exact	정확한
struggle	노력하다

정답

1. explosion- 폭발
   nuclear- 원자력의
   destroy- 파괴하다
2. UFO 충돌, 정부의 핵실험, 소행성 충돌   3. ②

3. ②

통구스카 폭발의 원인이 아직도 밝혀지지 않았다.

해석

1908년 6월 30일에, 시베리아의 통구스카에서 거대한 폭발이 있었다. 이것이 발생하고 백 년 이상이 지났지만, 그 누구도 누가, 무엇이 그 폭발을 일으켰는지 제대로 알지 못한다. 몇몇은 UFO 가 지상에 충돌한 것이라고 믿는다. 또 다른 이들은 정부가 핵폭탄을 실험 중이었다고 믿는다. 폭발은 너무 엄청나서 그 결과 제주도 만한 크기의 2천 평방 킬로미터가 넘는 숲이 파괴되었다. 폭발에 잇따른 빛의 번쩍임이 심지어는 런던 사람들이 신문을 볼 수 있을 정도였다. 통구스카와 런던 사이의 거리는 5000킬로미터 이상이나 된다! 현재로서는 가장 영향력이 있는 이론은 그 폭발이 소행성의 충돌에 의해서 유발됐다는 것이다. 정확한 원인이 밝혀질 때까지, 과학자들은 원인을 알아내려고 끊임없이 노력할 것이다.

15 / 지니의 소원은 A/S가 보장되지 않는다   본문 p.46

shipwreck	난파하다
escape	탈출하다
rub	문지르다
appear	나타나다
immediately	즉시
disappear	사라지다

정답

1. 배가 난파한 **2.** 1명 **3.** ④ **4.** lamp

5. escape- 도망치다

rub - 문지르다

disappear - 사라지다

1. 배가 난파한

앞 뒤 문맥을 보면 그들이 타고 있는 배가 폭풍우를 만났고, 섬에 ———— 하게 됐다고 하니까 '배가 난파했다' 정도로 추론해 볼 수 있다.

2. 1명

나머지 2명은 집으로 돌아가는 소원이 이루어진 듯 했으나 3번째 남자에 의해 다시 돌아오게 되어서 결론적으로 소원을 이룬 것은 3번째 남자뿐이다.

3. ④

글에서 지니는 세 남자에게 각자 두 개의 소원을 들어준다고 했으므로 ④번이 글의 내용과 일치하지 않는다.

4. lamp

지니가 이 세 남자가 아니었다면 램프에서 나오지 못했을 것이므로 lamp가 글의 문맥상 빈칸에 들어갈 단어로 가장 적절하다.

해석

세 명의 남자는 함께 여행을 하고 있었다. 어느 날, 그들이 타고 있던 배가 폭풍우에 갇히게 되었다. 세 남자는 한 섬에 난파되었다. 그 섬을 탈출할 방법을 찾다가, 그들 중 한 남자가 작은 램프를 발견했다. 그들이 그 램프를 문질렀을 때, 강력한 지니가 나타났다. 지니는 세 남자를 보더니, 말했다. "당신들이 나를 램프에서 구해줬으니, 당신들 각각에게 두 가지 소원씩 들어주겠다." 두 명의 남자는 즉시 말했다. "나는 충분한 음식과 물이요. 나는 또한 집으로가고싶어요" 지니는 손뼉을 쳤고, 두 남자는 사라졌다. 지니는 그리고나서 세번째 남자를 보았다. "당신은 무엇을 원하지?" 지니가 물었다. 세 번째 남자가 대답했다. "왜 이렇게 지루하죠? 두 남자를 다시 돌려주세요."

16 / 돈을 절약하는 교과서적인 방법 본문 p.47

pointless	무의미한, 무가치한
advertisement	광고
impulsively (= *on impulse*)	충동적으로
trick	~을 속이다
second-hand store	중고품 가게

정답

1. ①

2. pointless - 무의미한

impulse - 충동

advertisement - 광고

3. on impulse

4. 한 사람의 쓰레기가 다른 한 사람에게는 보물이다.

5. ②

1. ① 돈을 절약하는 방법

이 글은 어떻게 하면 돈을 절약하는지를 소개하고 있다.

② 벼룩시장에서 물건들을 파는 방법

③ 쇼핑을 즐기는 방법

④ 돈을 현명하게 쓰는 방법

⑤ 이미 사용한 물건들을 광고하는 방법

3. on impulse

> 만약 물건을 충동적으로 산다면, 후회할지도 모른다.

· regret 후회하다

5. ②

충동적으로 사는 것은 보통 필요로 하지 않는 물건이라고 본문에 언급되어 있다.

만약 당신이 돈을 절약하는 방법을 모른다면 돈을 버는 것은 무의미하다. 여기 돈을 절약하는 두 가지 좋은 방법이 있다.

먼저, 물건을 충동적으로 구매하지 마라. '투 플러스 원'이나 '하루만을 위한 세일'이라는 광고에 속지 마라. 보통 네가 충동적으로 구매하는 것들은 네가 필요로 하지 않는 것들이다.

두 번째, 중고품을 사라. 이것은 무엇을 의미하는가? 그것은 사람들이 이미 사용을 한 물건들을 산다는 것을 의미한다. 당신은 중고품 상점이나 벼룩시장에 갈 수 있다. "한 사람의 쓰레기가 다른 사람에게는 보물"이라는 말이 있다. 특히, 벼룩시장에서, 당신은 물건을 좋은 가격으로 살 수 있을 뿐만 아니라, 또한 시작을 둘러보는 재미를 느낄 수도 있다. 만약 당신이 딱 이 두 가지의 규칙을 따른다면, 당신은 훨씬 많은 돈을 저축할 수 있을 것이다.

section 5

17 / 양심 없는 당신 본문 p.52

penny pincher	구두쇠
negotiate	협상하다, 흥정하다
terrible	끔찍한
toothache	치통
dentist	치과의사
carefully	신중하게
examine	검사하다
cost	비용이 나가다
take	걸리다, 취하다
shout	소리치다

정답

1. ①
2. negotiate – 협상하다
dentist – 치과의사
examine – 검사하다
3. ⑤

1. ① 돈 쓰는 것을 싫어하는

구두쇠는 돈 쓰는 것을 싫어하는 사람이다.

② 돈을 낭비하는
③ 돈을 많이 버는
④ 쇼핑에 많은 시간을 쓰는
⑤ 돈이 남아도는

3. ⑤

이 글에서 토마스는 심한 치통을 앓아 치과에 갔다고 했지, 진통제를 먹었다는 내용은 나와있지 않다. 따라서 이 글의 내용과 일치하지 않는 것은 ⑤번이다.

해석

토마스는 구두쇠이다. 그는 돈 쓰는 것을 원치 않는다. 그는 항상 모든 것에 대해 흥정을 한다. 어느 날, 토마스는 문제가 생겼다. 그는 심각한 치통을 앓아서 치과에 가야만 했다. 치과 의사는 면밀히 검진한 후에 토마스에게 이 하나를 뽑아야 한다고 말했다. 토마스는 그녀에게 얼마가 드는지 물어보았다. 치과의사가 그에게 90달러가 들 것이라고 대답했을 때, 토마스는 그녀에게 얼마나 걸리냐고 물어보았다. 치과의사는 그에게 2분정도 걸린다고 대답했다. 토마스는 매우 화가 났다. "2분 걸리는 작업이 90달러라고요!" 그는 소리쳤다. "말도 안 돼!" 이것을 들은, 치과의사는 대답했다. "좋아요. 그렇다면 알겠어요. 서두르지 않을게요. 그러면 1시간은 어때요?"

18 / 음식은 건들지 마 본문 p.54

dumpling	만두
rotten	썩은
deal with	다루다
immediately	즉시
respect	존경하다
hygiene regulation	위생 규정
execute	처형하다
severely	심하게

정답

1. execute – 처형하다

rotten – 썩은

punish – 처벌하다

2. ⑤   **3.** ③

2. ⑤ 처벌하다 – 나쁜 음식

> 각각의 국가는 <u>나쁜 음식</u>을 판매하는 사람들을 <u>처벌하는</u> 다양한 방법들을 가지고 있다.

① 돌보다	–	맛있는 음식
② 돌보다	–	나쁜 음식
③ 다루다	–	싼 음식
④ 처벌하다	–	비싼 음식

3. ③

오염물질 배출이 아니라 위생 규제를 위반할 때 처벌 받는다고 언급하였다.

해석

나는 사람들이 형편없는 음식을 파는 것을 보는 것이 너무 싫다. 나는 신문에서 몇몇의 회사들이 속에 썩은 고기를 넣은 만두를 팔았다는 것을 읽었다! 모든 나라는 형편없는 음식을 파는 사람들을 처벌하는 고유한 방법을 가진다. 나는 일본과 프랑스에선, 당신은 즉각적으로 사업을 잃게 될 것이라고 들었다. 중국에서는 위생규제를 지키지 않는 사람들은 심지어는 사람들 앞에서 처형당할 수도 있다. 물론, 내가 사람들이 목숨까지 잃는 것을 원하는 것은 아니지만, 형편없는 음식을 파는 사람들은 엄하게 처벌받아야만 한다고 생각한다. 어떻게 생각하시는지?

19 / 그녀가 손을 내밀어 줄까? 본문 p.56

shy	부끄러운, 수줍은
muster up	(용기) 내다
courage	용기
mystery	신비스러운 일
drought	가뭄

정답

1. shy – 부끄러운, 수줍은

muster up one's courage – 용기를 내다

full of – 가득 찬

2. ②   **3.** ⑤

2. ② 실망한

이 글에서 남자는 용기 내어서 한 고백을 거절당했다 생각하여 매우 실망했다는 내용이 들어가야 글의 문맥상 가장 적절하다. 따라서 빈칸에 들어갈 말로 ② '실망한' 이 가장 적절하다.

① 신이 난	③ 지루한
④ 흥분한	⑤ 기쁜

3. ⑤

　　이 글 마지막에 여자는 남자의 사랑을 원한다고 했으므로 ⑤번이 글의 내용과 일치하지 않는다.

해석

햇살 좋은 날, 한 젊은 남자와 젊은 여자가 카페에 앉아있었다. 그들은 둘 다 매우 부끄러웠다. 그러나 젊은 남자는 용기를 내었다. 그는 젊은 여자에게 말했다. "당신은 사랑이 어떤 것인지 알고 있나요? 저는 사랑이 무지개 같다고 생각해요. 무지개는 매우 아름답기 때문에 사람들은 무지개를 볼 때 웃음을 짓죠. 또한 사랑은 매우 크고 신비로움으로 가득 차있기 때문에 바다와 같아요. 사랑은 사람들에게 행복함을 느끼도록 해주기 때문에, 따뜻한 날 내리쬐는 햇빛 같아요. 사랑은 또한 희망을 가져오기 때문에 가뭄 뒤에 떨어지는 비와 같아요. 그는 그녀에게 말했다. "제가 이 사랑을 당신에게 드려도 괜찮을까요?" 그녀의 눈이 빛나면서, 여자는 고개를 흔들며 아니라고 대답했다.

　　그 남자는 매우 실망했다. 그는 그의 접시에 고개를 떨구고 실의에 빠져있었다. "저는 그런 사랑을 원하지 않아요. 제가 원하는 것은 당신의 사랑이에요." 라고 말하는 그녀의 목소리를 들을 때까지.

20 / 진부한 듯, 진부하지 않은 이야기　본문 p.59

difference	차이점
pessimist	비관주의자
optimist	낙관주의자

정답

1. optimist , pessimist　　**2.** ④

3. (A) 신이시여, 좋은 저녁입니다!
　　(B) 세상에 맙소사, 저녁이라니! (저녁인 것이 싫음)

---

1. optimist , pessimist

> 낙관주의자는 컵이 반이나 차있는 것을 보는 사람이다. 반면에, 비관주의자는 컵이 반이나 비어있는 것을 보는 사람이다.

2. ④

　　글에서 낙관주의자와 비관주의자의 차이점을 비교하며 설명하고 있으므로 ④번이 이 글의 주요내용으로 가장 알맞다.

해석

당신은 비관주의자와 낙관주의자 사이의 차이점을 아는가? 낙관주의자는 항상 모든 것들이 더 잘 될 것이라고 믿는 사람이다. 반면에 비관주의자는 모든 것들이 더 악화될 것이라고 생각하는 사람이다. 사람들 중에 이런 두 타입의 예가 있다. 자기 전에 낙관주의자는 창문을 내다보고 이렇게 말한다, (A) "신이시여, 좋은 저녁입니다." 비관주의자는 창문을 내다보고 이렇게 말한다. (B) "세상에 맙소사, 저녁이라니."

section 6

21 / 바다에서 편지를 보내는 방법   본문 p.64

sailor	선원
communicate	의사소통하다
throw	던지다
destination	목적지
rock	흔들다
be able to	~할 수 있다
quickly	빠르게
tear	찢다
a sheet of	한 장
discover	발견하다

정답

1. sailor – 선원

   destination – 도착지

   discover – 발견하다
2. 과거에 사람들은 육지에 있는 사람들과 소통할 수 있는 수단이 없었기 때문에 병에다가 편지를 넣어서 물에 던졌다.
3. ①   4. ①   5. ③

3. ① 그녀는 그녀의 자리에서 앞뒤로 흔들었다.

   본문의 rock은 '흔들다' 의 뜻이다. ①번만 '흔들다'의 의미를 가진다.

   > 어느 날 밤, 비가 거세게 오기 시작했고, 파도는 배를 흔들었다.

   ② 그녀는 독특한 돌들을 수집한다. (돌)

   ③ 땅에 있는 몇몇 돌들은 생김새가 이상하다. (돌)

   ④ 나는 펑크 록을 좋아한다. (록)

   ⑤ 그는 지난 번에 커다란 암벽을 등반했다. (암벽)

4. ① 의사소통 체계

   > 오래 전에, 선원들은 의사소통 체계를 가지지 못했다.

   ② 메시지를 보낼 병   ③ 배

   ④ 구체적인 목적지   ⑤ 메시지

5. ③ 크리스토퍼 콜럼버스는 1493년에 미국으로 항해하고 있었다. 콜럼버스는 미국이 아니라 스페인으로 돌아가는 길이다.

   ① 선원들은 병에 편지를 넣어 물에 던짐으로써 메시지를 보냈다.

   ② 아무도 그 병이 정확한 도착지에 도달하는지는 확신할 수 없었다.

   ④ 콜럼버스는 스페인의 왕과 왕비에게 메시지를 썼다.

   ⑤ 미국의 배가 아프리카 모로코 근처에서 그 메시지를 집어 들었다.

해석

오래 전에, 선원들은 일단 바다에 있으면 사람들과 소통할 수 없었다. 때때로 그들은 편지를 병에 넣고 그것을 물에 던져서 메시지를 보내곤 했다. 그러나 아무도 그 병이 올바른 목적지에 도착했는지 확인할 수가 없었다. 예를 들어, 1493년에 크리스토퍼 콜럼버스(Christopher Columbus)는 스페인으로 항해하고 있었다. 어느 날 밤에, 비가 거세게 오기 시작했고, 물결은 보트를 흔들었다. 콜럼버스는 배가 스페인으로 돌아갈 수 없을 것이라고 생각했다. 그는 종이 한 장을 급하게 찢어서 스페인의 왕과 왕비에게 메시지를 적어서 병에 넣었다. 그는 코르크로 막고 물에 던졌다. 스페인 궁정에 대한 크리스토퍼 콜럼버스의 메시지는 300년 이상 지난 후에 발견되었다. 한 미국 배가 아프리카 모로코 근처에서 그것을 집어 들었다.

22 / 딸아 이번 겨울에 춥다는데... 본문 p.67

recently	최근에
married	결혼한
explain	설명하다
shoulder	어깨
arrive	도착하다
elbow	팔꿈치
get off	내리다
suite	방, 호실
chin	턱
empty-handed	빈손으로

정답

1. explain – 설명하다

 arrive – 도착하다

 empty – 비어있는

2. shoulder, chin, elbow   **3.** ③

3. ③ 손을 사용하지 않고

 글에서 어머니는 손을 이용하지 않으면서 자신의 아파트 집에 올라오는 방법을 설명하고 있다. 따라서 빈칸에 들어갈 말로 ③번이 가장 적절하다.

> 어머니는 딸이 선물을 많이 가져올 것이라 기대하기 때문에 손을 사용하지 않고 그녀의 아파트에 오는 방법을 설명했다.

 ① 손을 사용하며

 ② 지도를 보지 않고

 ④ 택시를 타고

 ⑤ 버스를 타고

16

해석

최근에 결혼한 여자가 그녀의 엄마 집에 방문할 예정이었다. 엄마는 그녀에게 아파트 건물에 올라오는 방법을 설명하고 있었다.

 "빌딩에 들어오면, 어깨로 엘리베이터 버튼을 눌러. 엘리베이터가 오면, 타고 팔꿈치로 20층을 눌러. 20층에 도착하면 엘리베이터에서 내려서 우측으로 돌아. 우리 집 번호는 2007이야. 초인종은 너의 턱으로 누르렴."

 "엄마, 왜 턱이나 팔꿈치, 어깨를 사용해야 되는데? 그냥 손으로 하면 안돼?"

 "얘, 너 우리 집에 빈손으로 올 생각이니?"

23 / 보릿고개가 유럽에도 있었다? 본문 p.70

the poor	가난한 사람들
the rich	부자들
barley	보리
in the form of	~의 형태로
beverage	음료, 마실 것
unlike	~와 다르게
wheat	밀
afford	~할 여유가 있다
pepper	후추
expression	표현
refer to	언급하다, 말하다

정답

1. ⑤   2. ②   3. above, salt

1. ⑤ 프랑스와 스페인의 많은 사람들은 보리로 만든 '에일'을 마셨다.

 본문에 따르면 프랑스와 스페인 사람들은 와인을 많이 마셨다.

① 유럽 빈민들은 주로 보리를 먹었다.

② 대부분의 유럽인들이 가난해서 주로 보리를 먹었다.

③ 대부분의 유럽인들이 하루 3끼 보리를 먹었다.

④ 유럽에서는, 부자들이 밀가루를 보리보다 선호했다.

2. ② 보리

대다수의 유럽사람들은 빈민이었고, 그들은 주로 보리를 먹었다.

① 밀

③ 고기

④ 쌀

⑤ 후추

3. above, salt

> 찰스는 <u>부유한 사람</u>이다. 그는 수영장이 딸린 멋진 집을 가지고 있고, 값비싼 차들이 여러 대 있다.

해석

중세시대의 유럽에서는, 거의 모두라고 할 수 있었던 가난한 사람들이 주식으로 보리를 먹었다. 그들은 보리를 하루에 세 끼니씩 수프, 빵 그리고 팬케이크의 형태로 먹었다. 하지만 매일, 거의 매 식사마다 보리를 먹는 것은 틀림없이 지겨웠을 것이다. 영국과 독일에선 빈민들이 보리로 만든 맥주 같은 술인 '에일'을 음료로 마셨다. 프랑스나 스페인에선 많은 사람들이 '에일' 대신 와인을 마셨다.

　빈민들과 다르게 부자들은 보리가 아닌 밀가루로 만든 빵을 먹었는데, 맛이 더 좋았다. 또한 그들은 육류를 먹을 수 있었다. 또한 그들은 저 멀리 인도에서 온 후추 같은 향신료를 육류와 함께 먹을 돈이 있었다. 이 시기에는, 소금 조차도 사치품으로 여겨졌고, 따라서 오직 부자만이 음식에 소금을 뿌릴 수 있었다. 이 때문에 우리는 부자를 가리킬 때 '소금을 넘어선' 이라는 표현을 사용한다.

on one's way to~	~로 가는 길에
purse	지갑
be filled with~	~로 가득 차다
draw attention	주의를 끌다
criminal	범죄자
nearby	~근처에
How dare	감히 ~하다
steal	훔치다

정답

1. filled with – ~로 가득 찬

exclaim – 소리치다

criminal – 범죄자

2. ⑤　　**3.** ⑤

2. ⑤ (e)

(a)~(d) 는 모두 지갑을 주운 소년을 가리키고,

(e)는 지갑을 주운 소년의 친구를 가리킨다.

3. ⑤

지갑을 줍지 않은 소년은 자신은 이 상황과 무관하다고 여겼다.

해석

두 소년들이 땅에 무언가를 보았을 때 학교에 가는 길이었다. 한 소년이 그것을 집어 들었다. 그것은 많은 돈이 가득 차있는 지갑이었다. "나는 부자다" (a)소년이 말했다. "아니 아니야. 우리가 부자지" 다른 소년이 말했다. "우리가 같이 지갑을 발견했잖아."

　이 광경은 옆에 지나가던 한 여성의 주의를 끌었다. 그녀는 가까이 와서 소리쳤다. "저것은 내 지갑이야! 감히 너희가 지갑을 훔쳤다니! 경찰을 부를 거야. 너희는 범죄자라고!"

　지갑을 먼저 집어 든 (b)소년은 무서웠다. (c)그는 다른 소년에게 물었다. "이제 우리는 무엇을 해야 하지?" "우리라고?" 다른 소년이 물었다. "지갑을 주운 사람은 (d)너지, (e)내가 아니야"

section 7

25 / 미국 건국의 아버지들이 남긴 것   본문 p.76

Founding Father	건국의 아버지
independence	독립
defeat	패배시키다
document	문서
Declaration of Independence	미독립선언서
Constitution	헌법
foundation	기초, 토대
respect	존경하다
government	정부

정답

1. defeat – 패배시키다

   government – 정부

   adopt – 채택하다
2. the Declaration of Independence, the Constitution
3. ③

---

2. the Declaration of Independence, the Constitution

> 건국의 아버지들이 쓴 두 개의 중요한 문서는 미국의 독립 선언서와 미국의 헌법이었다.

3. ③

   당시뿐만 아니라 지금도 여전히 사용되고 있는 정부 조직이다.

해석

건국의 아버지들은 독립을 위해 영국에 대항하여 싸운 미국인들이었다. 영국을 무너뜨린 후 그들은 미국이라는 이름의 국가를 설립했다. 그들은 오늘날 여전히 사용되고 있는 정부 조직을 개발하였다. 건국의 아버지들은 또한 두 개의 중요한 문서들을 작성했다. 이 문서들은 미국 독립 선언서와 미국의 헌법이었다. 헌법은 미국 정부의 토대였고 지금까지도 그렇다. 이것은 지금까지 쓰인 가장 존경 받는 문서들 중 하나이다. 많은 국가들은 헌법을 그들 자신의 정부의 본보기로 받아들였다. 건국의 아버지들은 조지 워싱턴과 벤자민 프랭클린과 같은 유명한 사람들을 포함됐다. 이들은 새로운 미국에서는 모든 사람들이 '삶, 자유, 행복 추구'에 대한 권리를 가졌다고 믿었다.

26 / 어떻게 커피콩을 볶게 된 걸까?   본문 p.78

roast	볶다
shepherd	양치기
miss	놓치다
herd	무리, 떼
strangely	이상하게
control	통제하다
caffeine	카페인
bonfire	모닥불
delicious	맛있는

정답

1. ④   2. caffeine   3. ②

---

1. ④ 겁먹은, 무서워하는

   scared는 같은 의미를 가진 frightened와 바꿔 쓸 수 있다.

> 콩과 염소들에 대하여 들은 후에, 마을 사람들은 무서워졌다.

① 혼란스러운   ② 행복한

③ 안심된   ⑤ 슬픈

2. caffeine

> 질문: 왜 사라진 염소들이 이상하게 행동하고 있었나요?
> 대답: 커피에 들어있는 <u>카페인</u> 때문에.

3. ②

처음 발견했을 때는 염소들을 이상하게 행동하게 만든 원인이라고 생각하여 두려워하였으며, 태워버리려고 하였으나 커피콩을 태울 때 그 향이 너무 좋아서 좋아하기 시작했다.

해석

커피 콩을 볶고 커피를 마신 최초의 사람들은 누구일까? 오래 전 에티오피아에서 한 양치기가 염소들을 돌보고 있었다. 그는 염소들 중 두 마리가 사라진 것을 깨달았다. 그가 그들을 발견했을 때, 그는 염소들이 빨간 콩을 먹고 있는 것을 보았다. 그는 염소들을 무리의 나머지가 있는 곳으 로 다시 데리고 왔다. 그러나 그 두 염소들은 매우 이상하게 행동하기 시작했다. 그들은 매우 흥분하고 통제하기 어려웠는데, 이는 콩 안에 들어있는 카페인 때문이었다. 양치기는 그 빨간 콩이 염소들이 이상하게 행동한 이유일 것이라고 추측했다. 그는 나무로 돌아가서 콩을 한 움큼 집었다. 그는 그것들을 마을로 가져가서, 모두에게 이 콩과 자신의 염소들에 대해 이야기 했다. 마을 사람들은 그 콩을 두려워했다. 마침내, 그들은 큰 모닥불에 콩들을 다 태워버리기로 결정했다. 그러나, 콩이 타기 시작하자, 맛있는 향이 불로부터 생겨났다. 모두들 이 냄새를 좋아하게 되었다. 결국, 마을 사람들은 이 콩으로 만든 커피를 마시기 시작했다.

leprechaun	아일랜드 요정 레프레콘
exist	존재하다
determine	결심하다
snatch up	낚아채다
demand	요구하다
agree	동의하다
guide	안내하다
underneath	밑에
shovel	삽
realize	알아차리다
empty-handed	빈손으로

정답

1. ④　　**2.** ②　　**3.** ②　　**4.** 수포로 돌아가다

1. ④

이 글에서 레프러콘들은 잡히면 진실만 말해야 했고, 실제로도 거짓으로 알려줬다는 얘기는 본문 어디에도 없다. 따라서 내용과 일치하지 않는 것은 ④번 이다.

2. ②

그는 빨간 천으로 묶은 나무를 찾을 수 없었기 때문에 소년은 금 항아리가 묻힌 나무에 빨간 천으로 표시해 두었다. 하지만 소년이 삽을 가지러 간 사이에 레프러콘이 모든 나무에 빨간 천을 매달아놓아 소년은 자신이 표시한 나무를 찾을 수 없었다. 따라서 보기 문장의 빈칸에 들어갈 말로 가장 적절한 것은 ②번이다.

> 그 소년은 자신이 <u>빨간 천으로 묶은 나무를 찾을 수</u>
> <u>없었기</u> 때문에 집에 빈손으로 돌아왔다.

① 그는 숲 속 한가운데에서 금을 잃어버렸기 때문에
③ 레프러콘이 소년으로부터 금을 숨겼기 때문에

19

④ 레프러콘이 소년으로부터 금을 훔쳤기 때문에

⑤ 누군가가 이미 땅에 묻힌 금을 파냈기 때문에

*unearth 파내다

3. ② 그 레프러콘이 소년에게 삽을 가져다 주었다.

글에서 그 레프러콘은 소년에게 금이 파묻힌 곳을 알려주긴 했지만 삽을 가져다 주었다는 내용은 없으므로 레프러콘에 관한 설명으로 옳지 않은 것은 ②번이다.

① 그들은 그들이 가진 보물로 유명하다.

③ 그들은 잡히면 진실만을 이야기해야 한다.

④ 소년에게 붙잡힌 레프러콘은 그에게 금이 어디에 묻혀 있는지 알려주었다.

⑤ 소년에게 붙잡힌 레프러콘은 신발을 만들고 있었다.

4. 수포로 돌아가다 또는 물거품이 되다, 등

황금이 숨겨져 있다는 것을 빨간 셔츠로 표시한 나무에 다시 찾으러 갔을 때 모든 나무가 다 빨간 셔츠로 묶여 있는 것을 보고 어떤 나무에 있는지 알 수가 없었다. 즉, 부자가 되고 싶었던 그의 꿈이 수포로 돌아간 것이므로 '수포로 돌아가다' 라고 해석하는 것이 적절하다.

해석

한 때 레프러콘이 사는 곳에 사는 한 소년이 있었다. 레프러콘은 그들의 황금단지로 매우 유명했기 때문에, 소년은 하나를 잡기로 결심했다.

어느 날, 숲에서 걸어 다니고 있는데, 그는 이상한 소리가 나무 뒤로부터 다가오는 것을 들었다. 그것은 신발을 만들고 있는 작은 레프러콘이었다. 그 소년은 레프러콘을 낚아채서 그에게 황금단지가 어디에 있는지 말하도록 요구했다. 레프러콘은 만약 그들이 붙잡히게 되면 진실만을 말해야 되기 때문에, 그 레프러콘은 소년에게 그의 황금단지를 보여줄 것에 대해 동의했다. 그 레프러콘은 숲 속 한가운데에 있는 나무 하나로 그를 안내했고, 그에게 그의 황금이 나무 밑에 묻혀있다고 말했다. 어떤 나무인지를 기억하기 위해, 소년은 그의 빨간 셔츠 조각을 찢어서 나무 주위에 그것을 묶었다. 그리고 나서 그는 삽

을 가져오기 위해 집으로 내달렸다. 그러나 그가 숲으로 돌아갔을 때, 그는 놀랐다. 수백 개의 나무 둘레에 빨간 옷자락이 묶여있었다! 소년은 요정에게 걸려들었다는 것을 깨달았다. 부자가 되고자 했던 그의 꿈은 (a)물거품이 되어, 그는 빈손으로 집에 돌아갈 수밖에 없었다.

28 / 여자 친구의 미모를 보니 전생에 나라를 구했군요?　　　본문 p.84

karma	(힌두교)업, (불교)인과응보
original	원래의
Hinduism	힌두교
phrase	관용구
describe	묘사하다
Buddhism	불교
cause	원인
effect	결과

정답

1. ①　　2. ②　　3. ④　　4. ⑤

1. ① 반면에 – 예를 들어

(A) 힌두교에는 신이 있지만 불교에는 신이 없으므로 역접의 접속사 On the other hand

(B) 힌두교에서의 카르마의 의미를 구체적으로 설명하므로 For example

② 반면에　　　　　–　　　　그러나

③ 게다가　　　　　–　　　　그러나

④ 게다가　　　　　–　　　　예를 들어

⑤ 결과적으로　　　–　　　　예를 들어

2. ②

이 글에서 불교에서 사용하는 "karma"의 의미는 힌두교의 "karma"와 약간 차이가 난다고 했으므로 ②번이 설명으로 옳지 않다.

3. ④

밑줄 친 문장은 '남에게 행한 대로 되돌아온다.'로 해석된다. 이와 통하는 것은 "뿌린 대로 거둔다."이다.

4. ⑤

본문은 카르마에 대한 이야기만으로 구성되어 있으며 불교의 기원에 대해서는 언급하지 않았다.

해석

많은 사람들이 카르마(업보)를 믿는다. 산스크리트의 원어에서 카르마란 '행동' 또는 '무언가를 하는 것'을 의미한다. 더 구체적으로 말하면, 카르마는 이전 생애에서의 행동들을 의미한다. 이전 생애의 누군가의 카르마는 그 혹은 그녀의 현재의 삶에 엄청난 영향을 미치며, 현재의 삶에서의 카르마는 또한 다음 생애에 영향을 미치게 될 것이다.

　카르마에는 좋은 카르마와 나쁜 카르마가 있다. 만약 당신이 다른 사람에게 좋게 행동한다면, 좋은 일이 당신에게 일어날 것이다. 이것이 좋은 카르마이다. 만약 당신이 다른 사람에게 나쁜 일을 저지른다면, 나쁜 일이 당신에게 일어날 것이다. 이것이 나쁜 카르마이다. 이것을 설명하는 미국 관용구는 이쯤이 될 것이다: 뿌린 대로 거둔다 (남에게 행한 대로 되돌아온다).

　힌두교와 불교 사이에 카르마에 관한 큰 차이점 하나가 있다. 힌두교에서는, 신이 당신에게 카르마를 주는 것이다. (A)반면에, 불교에서, 카르마는 그저 원인과 결과에 의해 자연스럽게 발생한다. 좋은 행동들은 좋은 결과들을 이끈다. (B)예를 들어, 만약 당신이 불쌍한 사람들을 돕는다면, 당신에게 좋은 일이 신의 의지와는 상관없이 일어날 것이다.

---

29 / 가위에 눌려본 적이 있을 겁니다 　　본문 p.90

experience	경험하다
sleep paralysis	가위 눌림
report	보고하다
scary	무서운
during	~하는 동안에
frightening	무서운
natural	자연스런
from time to time	때때로
occur	일어나다
patiently	참을성 있게
harmless	해로운
sleeping cycle	수면 주기

21

정답

1. 가위 눌림

2. sleeping cycle – 수면주기

　harmless – 무해한

　natural – 자연스러운

3. 깨어났지만 몸은 움직이지 않음, 귀신이나 다른 무서운 것들을 볼 수도 있음

4. ⑤

1. 가위 눌림

　바로 다음 문장에 'sleep paralysis'는 '당신이 잠에서 깨어났지만 몸을 움직일 수 없는 상태'라는 설명이 나와있다.

4. ⑤ 과학자들은 가위 눌림이 오로지 아이들에게만 일어난다고 말한다.

　특별히 아이들에게만 일어난다는 말은 없다.

① 몇몇 사람들은 가위 눌림을 자주 경험한다.

② 몇몇 사람들은 그들이 귀신이나 다른 무서운 것들을 가위에 눌리는 동안 봤다고 말한다.

③ 가위 눌림은 오래 지속되지 않는다.

④ 당신이 가위 눌림을 경험할 때, 침착함을 유지하고 참을성 있게 기다리는 것이 추천된다.

해석

가위 눌림이라고 불리는 것을 빈번하게 경험하는 사람들이 있다. 가위에 눌린다는 것은 당신이 잠에서는 깨어났지만 몸은 움직일 수 없는 상태이다. 몇몇 사람들은 가위에 눌리는 동안에 귀신이나 다른 무서운 것들을 본다고 보고한다. 확실히 이것은 무서운 경험이 될 수 있다. 그러나 과학에 의하면, 가위에 눌리는 것은 누구에게나 가끔씩 일어나는 자연스러운 현상이라고 한다. 당신은 가위에 눌리는 것이 잠에 들기 전에도 또한 일어날 수 있다는 것을 알고 있었는가? 사람이 자고 있을 때, 정신은 "잠자는" 모드로 들어간다. 때때로 심지어 몸의 나머지 부분이 모두 수면상태로 들어간 후에도, 정신은 여전히 깨어있기도 한다. 그러한 상황들 속에서, 몸은 그렇지 않을지라도 정신은 완전히 깨어있게 될 것이다.

만약 가위눌림이 당신에게 일어난다면, 당신이 몸을 움직일 수 있을 때까지, 침착함을 유지하고 참을성 있게 기다려야 할 것을 기억하라. 가위눌림은 보통 매우 오래 지속되지는 않는다. 이것이 무해하긴 하지만, 만약 당신이 정말 가위 눌림을 피하고자 한다면, 규칙적인 수면주기에서 충분한 수면을 취하도록 해라. 이것이 너의 정신과 육체가 동시에 수면을 취하고 깨어나도록 도와줄 것이다.

30 / 관심있는 사람에게 들이대는 꿀팁   본문 p.94

useful	유용한
make friends	친구가 되다
pop up	불쑥 나타나다
wall	벽, 담벼락
chat	잡담하다
say hello	안부를 전하다
build	짓다
remember	기억하다
pressure	압박, 압력
reply	대답하다
be interested in~	~에 관심을 갖다
rather	차라리
sooner than later	일찌감치

정답

1. pop up – 불쑥 나타나다

   introduce – 소개하다

   sooner than later – 일찌감치

2. ③   3. ②

2. ③ 유용한

   > 페이스북은 누군가와 친구가 되는 데 <u>유용하다</u>.

   ① 흔한   ② 특정한

   ④ 독특한   ⑤ 평범한

3. ②

   페이스북 메신저를 통해서 천천히 관계를 쌓을 수 있다고 언급하였다.

22

해석

만약 네가 누군가에게 관심이 있다면, 페이스북에 있는 '좋아요' 버튼은 유용할 수 있다. 나는 당신이 관심 있는 누군가와 친해지기 위해서 페이스북을 이용하는 방법을 설명해줄 것이다.

만약 당신이 '좋아요' 버튼을 누른다면 당신의 이름이 그 사람의 담벼락에 뜰 것이다. 당신이 그 또는 그녀에 대해 알게 되기를 원한다는 것을 그 사람이 알도록 하는 것은 중요하다. '좋아요'를 받는 것은 그 사람을 행복하게 만들 것이다. 네 자신을 페이스북에서 누군가에게 소개할 수 있는 한가지 방법이다.

다음으로, 당신은 그 사람과 채팅을 시도할 수 있다. 당신은 페이스북 메신저 서비스를 통해 메시지를 보낼 수 있다. 당신은 인사말을 건넬 수 있고 천천히 관계를 쌓을 수 있다. 일단 당신과 그 사람이 서로를 더 잘 알게 된다면 당신은 그 또는 그녀와 매일 대화할 수 있다.

당신은 타이밍이 매우 중요하다는 것을 기억해야 한다. 만약 당신 둘이 매우 친하지 않으면 그 사람의 담벼락에 글을 쓰지 말아라. 그 사람이 너에게 답변을 하도록 압박하지 말아라. 만약 그 사람이 너의 메시지나 '좋아요' 버튼에 답하지 않는다면, 너에게 관심이 없을지도 모른다. 이런 상황에선, 차라리 일찌감치 그만하는 것이 최선이다.

31 / 누구에게나 비밀은 있다   본문 p.97

heaven	천국
judge	심판하다
cheat on	바람피우다
award	수여하다
midsize car	중형차
by chance	우연히

정답

1. judge – 판단하다
   cheat on – 바람을 피우다
   award – 수여하다
2. ③   3. ③

2. ③

이 글에서 2번 바람을 피운 남자는 소형차를 받았다고 했으므로 ③번이 글의 내용과 일치하지 않는다.

3. ③

이 글에 나오는 세 남자의 예를 통해 바람을 덜 피울수록 좋은 자동차를 받는다는 것을 알 수 있다. 이를 통해 한 번도 바람을 피우지 않은 남자의 부인이 걷고 있는 것을 보고 그녀가 바람을 많이 피웠다는 것을 추론할 수 있다.

해석

세 명의 남자가 죽어서, 천국에 갔다. 그들은 한 줄로 서서 신이 그들을 판결하길 기다렸다.

신은 첫 번째 남자에게 부인을 두고 바람을 피운 적이 있었는지 물었다. 그는 신에게 두 번 바람 피운 적이 있다고 말했다. 신은 그에게 작은 차를 수여했다. 신은 두 번째 남자에게도 바람을 피운 적이 있는지 물었다. 그는 신에게 한 번 바람 피운 적이 있다고 말했다. 신은 그에게 중형차를 수여했다. 신은 세 번째 남자에게도 바람을 피운 적이 있는지 물었다. 그는 신에게 결코 부인을 두고 바람을 피운 적이 없다고 말했다. 신은 그에게 매우 자랑스럽다고 말하며, 멋진 스포츠카를 주었다. 몇 일이 지나고, 그 세 명의 남자는 우연히 만났다. 스포츠카를 운전하는 그 남자는 울고 있었다. 다른 두 명의 남자는 놀랐다. "왜 우는 거요?" 그들이 물었다. 그 남자가 대답하길, "방금 아내를 지나쳤는데, 그녀는 걷고 있었어요!"

32 / 우주비행 실험에 희생된 개, 라이카   본문 p.99

satellite	위성
launch	발사하다
experiment	실험
conduct	수행하다
candidate	후보자
survive	살아남다
honor	존경하다
pioneer	개척자
fellow	동료
incident	사건
orbit	궤도를 돌다
space craft	우주선
right	권리
monument	기념비
research facility	연구소

정답

1. conduct – 수행하다

candidate – 후보자

orbit – 궤도를 돌다

2. animal rights   **3.** ②

2. animal rights

라이카가 죽은 후, 동물의 권리에 대한 문제가 전세계로 퍼졌다.

3. ②

1호가 아니라 2호에서 처음 개를 태웠다.

해석

스퍼트닉 1호(Sputnik 1호)라고 알려진 첫 번째 인공위성이 1957년 10월 러시아에 의해 발사됐다. 이 인공위성의 성공 후, 러시아의 과학자들은 또 다른 실험을 시도해보기를 원했다. 그들의 관심은 생명체가 우주에서 살아남을 수 있는지를 보는 것이었다. 그들은 이 실험을 수행하기 위해 개 한 마리를 이용했다. 모스크바 거리의 몇몇 길을 잃은 개들이 포획됐고 후보가 되기 위해 시험이 거쳐졌다. 가장 훌륭한 후보가 마침내 선택되었고 그녀는 "라이카" 혹은 "리틀 컬리(작은 곱슬머리)"라고 이름 붙여졌다. 미국인들은 이 개를 "뮤트닉"이라 불렀다 – 스퍼트닉 개(mutt는 (잡종)개라는 뜻이다)! 라이카는 1957년 11월 3일 스퍼트닉 2호에 탑승해 발사됐다. 이 개는 발사에서 살아남아 지구를 4바퀴 돌았다. 불행히도, 이 우주선은 지구로 돌아올 수 없었고, 라이카는 우주에서 죽었다. 이 사고의 결과로, 동물의 권리에 대한 문제가 전세계적인 핫이슈가 되었다. 라이카의 죽음은 그녀의 동료 인간 우주비행사들처럼 예우되었다. 러시아에서 라이카의 기념비가 연구시설에 놓여졌다. 비록 스퍼트닉 2호가 그녀의 단 한번뿐인 비행이었지만, 라이카는 여전히 우주 개척자로써 기억된다.

33 / 러시아 황제의 로맨스,
예술이 되다   본문 p.104

Easter	부활절
traditional	전통적인
unique	독특한
order	주문하다, 명령하다
ordinary	보통의
shell	껍질
hollow	비어있는
hen	암탉
stew	지푸라기
crown	왕관
tiny	아주 작은
astonished	깜짝 놀란
royal	왕실의
material	물질, 재료
assemble	모으다
put together	합치다
World War I	1차 세계대전
Russia Revolution	러시아 혁명
million	백만

정답

1. ordinary – 평범한
   hollow – 속이 비어있는
   astonished – 깜짝 놀란
2. ②   3. ③

2. ② Faberge의 독특한 부활절 달걀
   이 글의 주요 내용은 Faberge의 부활절 달걀 작품에 관한 글이다. 그러므로 이 글의 제목으로 가장 알맞은 것은 Faberge's unique Easter eggs이다.

   ① 러시아의 전통적인 부활절 선물
   ③ 위대한 왕, Czar Alexander III
   ④ 러시아 왕실의 삶
   ⑤ Peter Carl Faberge의 삶

3. ③ Faberge는 자신의 부인을 위해 특별한 부활절 달걀을 만들었다.
   Faberge는 Czar Alexander III 왕의 부인 Maria와 러시아 왕실을 위해 부활절 달걀을 만들었다.

   ① 러시아에서는 부활절에 서로 계란을 주고 받는다.
   ② Maria는 Czar의 특별한 부활절 선물에 만족했다.
   ④ Faberge는 일년에 한번 부활절 달걀을 만들었다.
   ⑤ Faberge의 달걀은 요즘 많은 박물관에서 찾아볼 수 있다.

해석

1885년에 러시아의 통치자 알렉산더 3세 황제는 그의 부인 마리아에게 부활절 선물을 주고 싶었다. 러시아에서 전통적인 부활절 선물은 계란이었지만 황제는 더 특별한 무언가를 원했다. 그래서 그는 한 예술가가 특별한 달걀을 만들어낼 것을 요청했다. 그렇게 해서, 그 예술가는 매우 독특한 부활절 달걀을 황제가 주문한 대로 만들어냈다. 그의 이름은 페테르 카를 파베르제(Peter Carl Faberge)였다. 겉모습은 평범한 계란처럼 생겼다. 그러나 껍질 안에는 황금으로 만든 노른자가 있었다. 비어있는 노른자 안에는 황금색 지푸라기 침대에 기대고 있는 작은 황금색 암탉이 있었다. 암탉에는 아주 작은 다이아몬드 왕관과 작은 루비 달걀이 있었다. 황후인 마리아는 그 선물에 깜짝 놀랐다. 그때부터, 파베르제는 예술가로써 엄청난 명성을 얻고 계속해서 왕실 가족을 위해 일 년에 달걀 하나씩 만들었다. 재료들을 모아서 합치는 것이 매우 어렵기 때문에 그는 오로지 일년에 한 개의 달걀만을 만들

수 있었다. 안타깝게도, 세계 1차 대전과 러시아 혁명 동안에 계란 일부를 잃어버렸다. 파베르제의 달걀들은 전 세계의 많은 박물관들에서 오늘날 찾을 수 있다. 그의 달걀들 중 9개는 2004년도에 9천만 달러로 팔렸다.

34 / 100년 넘게 수직으로 떠다니는 본문 p.107

unique	독특한
volcano	화산
be surrounded by	~로 둘러 쌓여있다
a variety of	다양한
rich	풍부한, 부유한
wildlife	야생
be formed	형성되다
be filled in	~에 채워지다
float	떠다니다
vertically	수직으로
upright	수직으로, 똑바른
mix up	~을 뒤죽박죽 만들다
tie	묶다
attraction	관광명소

정답

1. float – 떠다니다
   vertically – 수직으로
   tie – 묶다
2. ③   3. ⑤   4. ③

1. float – 떠다니다
   vertically – 수직으로
   tie – 묶다

2. ③ 나무 그루터기 – 떠다니는

> 오리건의 크레이터 호수에는 호수 위를 <u>떠다니는</u> 독특한 <u>나무 그루터기</u>가 있다.

① 나무 뿌리   –   매력을 끄는
② 나무 뿌리   –   떠다니는
④ 나무 그루터기   –   매력을 끄는
⑤ 보트   –   떠다니는

3. ⑤

본문에 호수의 나무 그루터기가 백 년 이상 되었다는 언급은 있지만 어떻게 떠다니게 됐는지는 소개된 바가 없다.

4. ③

본문에 그루터기가 떠다니는 이유에 대한 언급이 없다.

해석

오리건의 크레이터 호수(Oregon's Crater Lake)에는 매우 독특한 무언가가 있다. 한 때 화산이었던, 그 호수는 현재 푸른 숲과 풍부하고 다양한 야생생물들로 둘러 쌓여있다. 이 호수는 화산이 죽고 물로 채워졌을 때 형성되었다. 그러나 그것이 크레이터 호수에 대해서 독특하다는 것이 아니다. 물 위를 떠다니는 '호수의 늙은이' 라고 불리는 30피트나 되는 나무 그루터기가 있다. 왜 이것이 독특한가? 그것은 수직으로 떠다니면서 호수에서 이리저리 돌아다니기 때문에 독특하다. 어떻게 그 긴 나무 그루터기가 수직으로 떠다닐까?

과학자들은 그 나무의 뿌리에 돌들이 뒤죽박죽 섞여 있어서, 이 것이 나무를 물에 수직으로 떠다니게 하는 것이라고 믿는다. 그렇다 할지라도, 이 늙은이는 매우 오래됐다. 이것은 백 년 이상 있어 왔다. 과학자들은 어떻게 이 늙은이가 그런 방식으로 오랫동안 존재해왔는지 확실히 알지 못한다. 하지만, 정말로 이상한 점은 이 늙은이가 묶여 있을 때마다, 호수의 날씨가 나빠지는 것처럼 보인다는 것이다. 그러나, 만약 그것이 자유롭게 떠다닌다면, 날씨가 좋게 유지된다. 이 미스터리는 크레이터 호수를 관광객들에게 관광명소로 만들어 주는 이유들 중 하나이다.

35 / 내가 예뻐서 쫓아온 줄 알았지　　본문 p.111

notice	알아차리다
employee	직원
nervous	불안해 하는
alright	괜찮은
uncomfortable	불편한
as soon as possible	가능한 빨리
for a while	잠시 동안
follow	따르다, 따라오다
keep ~ing	계속해서 ~하다
brighten	밝히다
frightened	겁먹은, 무서워하는
run away	달아나다
arrive	도착하다
as soon as	~하자마자
yell	소리치다
stay	머무르다
terrifying	무시무시한
headlight	전조등, 헤드라이트
backseat	뒷자석
protect	보호하다

정답

1. notice – 알아차리다
   uncomfortable – 불편한
   frightening – 무섭게 하는
2. ③　　3. ⑤

2. ③
　직원은 그녀의 차 뒷좌석에 위험한 누군가가 있다는 것을 알아차린 후 그녀에게 알려주기 위해 따라왔다.

3. ⑤
　본문 마지막 쪽에 그녀를 따라왔던 직원의 차가 그녀의 차에 가까워지면서, 그의 차 헤드라이트가 그녀의 뒷좌석을 비추게 되고, 거기에 커다란 칼을 들고 있는 남자를 보게 되면서 진실을 알게 되었다고 설명되어 있다.

해석

한 젊은 여자가 퇴근하고 집으로 가고 있었다. 그녀는 차에 타서 운전하기 시작했다. 그녀는 뭐 좀 먹으려고 드라이브 쓰루에서 차를 세웠다. 드라이브 쓰루에서 그녀는 한 직원이 매우 불안해 보인다는 것을 알아차렸다. 그 직원은 그녀에게 괜찮은지를 계속해서 물었다. 그 여자는 불편해져서, 가능한 빨리 떠나버렸다. 잠시 운전한 후에, 그녀는 그녀를 따라오는 차가 한 대 있으며, 그녀를 따라오고 있는 운전자가 그 직원이라는 것을 알아차렸다. 그 차는 계속해서 불을 밝혔다. 그 젊은 여자는 이제 정말 무서워졌다.

　그녀는 도망치려 했으나, 그 차는 계속해서 그녀를 따라왔다. 마침내, 그 여자는 집에 도착했다. 그녀가 주차하자마자, 그녀는 뛰쳐나와 안으로 달려갔다. 그녀가 달리는 동안, 그녀를 따라왔었던 그 직원이 소리를 지르는 것을 들었다. 그는 그녀에게 경찰서에 전화하고 집 안에 머무르라고 소리쳤다. 그 젊은 여자는 곧 소름 끼치는 진실을 알게 된다. 그의 자동차가 그녀의 차에 가까워졌을 때, 그녀의 차는 그의 헤드라이트에 의해 밝혀졌다. 그녀의 뒷좌석에는, 커다란 칼을 들고 있는 남자가 있었다. 그 직원은 그녀를 보호하기 위해서 따라왔던 것이다.

36 / 심리테스트 1 　　　　　　　　　본문 p.114

wizard	마법사
jar	항아리
dragon	용
demand	요구하다
doorstep	문간
all of the sudden	갑자기
security guard	경비원
block	막다
entrance	입구
symbolize	상징하다
self-respect	자존심
pride	자긍심
freedom	자유

해석

당신이 마법사를 만났을 때, 당신은 집으로 가는 길이었다. 그는 당신에게 4가지의 물건을 주었다: 마스크, 항아리, 날개, 케이크.

　당신은 이 선물들을 가지고 용을 만날 때까지 계속 걸어가고 있다. 용은 당신이 그 선물들 중에 하나를 주지 않는 다면, 당신이 지나가도록 허락해주지 않을 것이다.

당신은 어떤 것을 용에게 줄 것인가? _____

　당신의 선물들 중 하나를 용에게 주고 난 후, 당신은 계속해서 걷는다. 곧, 너는 화가 난 거인을 우연히 만난다. 그는 선물을 요구한다.

당신은 어떤 것을 그에게 줄 것인가? _____

　당신은 결국 당신의 집 입구에 도착했다. 갑자기, 무섭게 생긴 경비원이 뛰어올라와 당신의 입구를 막는다. 당신에게는 두 개의 선물이 남겨져 있다.

어떤 것을 경비원에게 줄 것인가? _____

　당신은 지금 집에 있다.

어떤 선물을 여전히 가지고 있는가? _____

〈분석〉

각각의 선물은 무언가를 상징한다.

당신이 끝까지 가지고 있는 선물이 당신이 가장 소중하게 여기는 것을 상징한다.

마스크	–	존경, 자존심
항아리	–	돈
날개	–	자유
케이크	–	사랑

36 / 심리테스트 2 　　　　　　　　　본문 p.116

straight	곧은
curvy	굴곡이 많은
fall in love	사랑에 빠지는
combination	조합
expect	예상하다
relationship	관계
represent	나타내다

해석

당신의 남자친구 또는 여자친구 집으로 가고 있다고 상상해라.

1. 두 도로가 있다. 하나는 다른 것보다 더 빠르게 가는 곧은 길이지만 매우 단순하고 지루하다. 다른 하나는 굴곡이 많고 풍경은 멋지지만 사랑하는 사람의 집으로 가는 데는 꽤 오랜 시간이 걸린다. 어떤 도로를 당신은 선택할 것인가? 짧은 쪽? 또는 긴 쪽?

2. 길에서 당신은 두 종류의 장미를 본다. 하얀색 장미들과 빨강색 장미들이다. 당신은 당신의 사랑하는 사람을 위해 장미 20송이를 꺾기로 결정했다. 어떤 색을 선택할 것인가? 한가지 색만 선택하거나 둘 다 선택해도 좋다.

<분석>

1. 당신의 사랑하는 사람의 집에 가기 위해 어떤 길을 선택할 것인가? 그 길들은 사랑에 빠지는 것에 대한 당신의 반응을 보여준다. 만약 당신이 짧은 길을 선택한다면 당신은 빠르고 쉽게 사랑에 빠진다. 만약 긴 길을 선택한다면 당신은 빠르게 사랑에 빠지지 않는다.

2. 사랑하는 사람에게 주기 위해 당신은 어떤 장미의 조합을 선택할 것인가? 빨간 장미의 수는 당신이 관계에서 얼마나 주는 것을 기대하는 지이다. 하얀색 장미들은 얼마나 많이 돌려 받기를 원하는지를 의미한다. 그래서 만약 당신이 한 송이의 하얀 장미와 나머지 모두는 빨간 장미(19송이)를 선택한다면 당신은 관계에서 95%를 주지만, 돌려받기를 원하는 것은 고작 5%이다.

section 10

37 / 아빠, 빚은 이제 지긋지긋해요 　　　본문 p.120

blacksmith	대장장이
survive	생존하다
borrow	빌리다
demand	요구하다
pay back	갚다
debt	빚
broke	무일푼의
propose	제안하다
trade	거래
forgiveness	탕감
in exchange for	~와 교환으로
cruel	잔인하다
refuse	거절하다
offer	제안
determined	굳게 결심한
suggest	제안하다
a game of chance	운으로 하는 승부
blindfolded	눈을 가린 채
agree	동의하다
notice	알아차리다
draw out	꺼내다
pretend	~인척하다
lose one's grip	~을 놓치다
exclaim	외치다
remain	남아있다
force to	억지로 ~하다
quick-witted	재치가 있는

정답

잘 이해하고 있나요?　　　/ p.121

1. ②　　　2. ②

1. ②

대장장이가 돈을 갚을 수 없어서 농부가 거래를 제안한 앞뒤 문맥으로 보아, '파산했다' 라는 의미가 적절하다.

2. ②

가방 안에서 검정 돌을 꺼낼 지 흰 돌을 꺼낼지에 따라 빚의 탕감 여부가 달라진다. 그러므로 소녀는 눈이 가리워진 채 돌을 골라야 하므로　②번이 정답이다.

잘 이해하고 있나요? / p.124

1. 해설 참조　　　2. ③　　　　　　3. ②

1. 어떤 돌을 집든지 검정 돌을 꺼내게 해서 대장장이의 딸과 결혼하려고.

주머니에 들어 있는 두 개의 돌들 중에서, 검정 돌을 뽑으면 빚을 탕감해주는 대신 대장장이의 딸과 농부가 결혼하고, 흰 돌을 뽑으면 결혼도 안 해도 되고, 빚도 갚지 않아도 된다고 하였다. 그러나 농부는 아예 처음부터 흰 돌과 검정 돌을 하나씩 주머니에 넣은 게 아니라 대장장이의 딸과 결혼하고 싶어서 두 개의 검정 돌을 주머니에 넣었다.

2. ③

소녀가 돌을 꺼내도록 주머니를 주어야 하므로 give가 의미가 가장 가깝다

3. ②

소녀는 농부의 꾀를 이미 알았기 때문에 자기가 뽑은 검정 돌을 바로 바닥에 떨어뜨렸고 주머니에 남아있는 돌을 보면 자기가 집은 돌이 무슨 색인지 알 수 있다는 재치를 발휘했다. 소녀의 이런 빠른 재치로 인해 나쁜 상황에서 좋은 상황으로 바꿀 수 있었다.

종합문제　　　　/ p.125

1. ③　　2. ③　　3. ②

1. ③ 그는 눈을 가렸다

이 글에서 대장장이의 딸이 눈을 가린 채로 농부가 제안한 게임을 했다고 했으므로 ③번이 글의 " blacksmith" 에 대한 설명으로 옳지 않다.

① 그는 부유한 농부에게 돈을 빚졌다.
② 그는 아름다운 딸이 있다.
④ 그는 처음 농부의 제안은 거절했다.
⑤ 그는 딸 덕분에 빚을 갚을 필요가 없었다.

2. ③

글에서 농부는 빚을 탕감해주는 대가로 대장장이의 딸과 결혼을 제안했다고 했으므로 이 글의 내용과 일치하는 것은 ③번이다.

① 대장장이의 딸이 아니라 대장장이가 농부의 돈을 빌렸다.
② 농부는 자신이 대장장이의 딸과 결혼하고 싶었다.
④ 대장장이는 주머니에 흰 돌이 아니라 검정 돌 두 개를 넣었다.
⑤ 대장장이가 아니라 농부가 매우 못생겼다.

3. ②

빚을 갚지 못하는 안 좋은 상황이었지만, 대장장이의 딸의 지혜로 빚도 탕감되었고, 농부와 딸이 결혼하지 않아도 되었으므로 '하늘이 무너져도 솟아날 구멍이 있다'라는 속담이 가장 상황에 어울린다.

해석

오랜 전에 강 근처에 작은 마을이 있었다. 그 작은 마을에는 아주 가난한 대장장이가 살았다. 살아남기 위해, 그는 종종 부유한 농부로부터 돈을 빌려야만 했다. 어느 날 농부는 대장장이에게 빚을 갚으라고 요구했다. 그러나 농부가 사실 원했던 것은 돈이 아니라 매우 아름다웠던 대장장이의 딸이었다. 그는 대장장이가 파산했다는 것을 알았기 때문에, 거래를 제안했다. 바로 그녀와의 결혼과 빚의 탕감을 교환하자는 것이다. 농부는 매우 못생겼을 뿐 아니라 매우 잔

인하기까지 했다. 그래서 대장장이는 그의 제안을 거절했다. 하지만 농부는 대장장이의 딸과 너무 결혼하고 싶었다. 그는 도박 하나를 제안했다. 게임 방식은 검은색 돌 하나와 흰색 돌 하나 해서, 두 개의 돌을 빈 가방 안에 넣는다. 그리고 나서 소녀가 눈을 가린 채로 돌 한 개를 꺼낸다. 만약 그녀가 흰색 돌을 꺼낸다면 그녀는 그와 결혼하지 않고, 빚도 갚지 않아도 되는 것이다. 만약 검정 돌을 고른다면, 빚은 역시 갚지 않아도 되지만, 농부와 결혼은 해야만 한다. 그리고 만약 그녀가 돌을 아예 꺼내지 않는다면, 농부는 대장장이를 감옥에 넣을 것이다.

그들이 할 수 있는 것이 거의 없었기 때문에, 대장장이와 그의 딸은 그 도박에 동의했다. 그들은 바닥에 많은 돌들이 있는 길에 나갔다. 농부는 두 개의 작은 돌을 골랐다. 가방에 그것들을 넣기 직전에, 대장장이의 딸은 실제로는 검정색 돌 두 개가 농부의 손에 있다는 것을 알아차렸다. 농부는 그리고 나서 어린 소녀에게 그 가방을 건넸다. 다행히도, 어린 소녀는 아름다웠을 뿐 아니라, 매우 영리했다.

그녀는 가방 안에서 한 개의 돌을 꺼냈다. 그러나 그녀가 돌을 가방 밖으로 꺼낼 때, 그녀는 손에서 돌을 놓친 척하면서 많은 색깔의 돌들이 있는 땅에 떨어뜨렸다. 그들은 그녀가 어떤 돌을 떨어뜨렸는지 알 수 없었다. "오, 안돼! 정말 미안해요" 그녀는 소리쳤다. "남아있는 돌이 들어있는 가방을 봐요. 이것의 색깔이 제가 흰색 돌을 뽑았는지, 검정 돌을 뽑았는지 말해줄 테니깐요"

가방 안에 있는 돌은 검정이었기 때문에 농부는 대장장이의 빚을 탕감해 줄 수밖에 없었고, 어린 소녀도 놓아줘야 했다. 재치를 발휘함으로써, 소녀는 나쁜 상황을 매우 좋은 상황으로 바꿀 수 있었다.

look for	~을 찾다
decide	결정하다
babysitter	아이를 봐주는 사람
calm	평온한
breath	숨을 쉬다
downstairs	아래층으로
playful	농담의
assistance	도움
trace	추적하다
hysterically	병적으로 흥분한
upstairs	위층
laughter	웃음 소리

31

정답

잘 이해하고 있나요? / p.127

1. 한 남자가 전화로 아이들을 확인해보라고 하는 것

2. ②

1. 한 남자가 전화로 아이들을 확인해보라고 하는 것
늦은 밤 베이비시터에게 한 남성이 '아이들을 확인했나?'라고 거친 숨소리와 함께 전화를 걸었는데 처음에 는 자신을 놀리는 장난전화라고 생각했었다.

2. ②
문맥 상 이 전화는 수상한 전화인 것이므로 남자의 목소리 역시 겁을 먹었거나 유쾌한 게 아니라 발작적인 목소리가 적절하다.

정답

잘 이해하고 있나요?　　　/ p.129

1. ③　　　2. 전화 상에 (중에)

1. ③

베이비시터는 이 수상한 전화에 대해 경찰에게 도움을 요청했다. 경찰은 이에 대해 전화가 한 번 더 오면 그와 계속 얘기를 하도록 했는데, 이것은 경찰에게 그 전화를 추적할 시간을 주려고 했기 때문이다.

① combat : 싸우다

→ 아직 경찰은 범인을 만나지도 못했으므로 적절하지 않다.

② control : 통제하다 → 문맥상 맞지 않다

③ detect : 탐지하다, 발견하다

→ 범인이 누구인지 모르는 상태이므로 범인의 정체를 밝히기 위해 전화를 탐지한다는 것이 적절하다.

2. 전화 상에 (중에)

그 목소리는 전화 중에 들리는 목소리이므로 on the line을 '전화 상에' 로 해석하는 것이 적절하다.

종합문제

1. ⑤　　　2. ④

1. ⑤

경찰이 전화를 추적한 결과, 그 전화가 위층에서 걸려온 것이었다. 즉, 범인은 집 밖에서 집으로 오고 있는 것이 아니라 위층에 있으므로 경찰은 얼른 밖으로 도망치라고 말했다.

2. ④ 무서운

위 글은 정체 모를 전화가 몇 번이나 걸려 왔고, 경찰에 신고했는데 알고 보니 범인이 위층에 있다고 하는 깜짝 놀랄만한 일이 벌어졌다.

① 무관심한　　　② 호기심많은

③ 단조로운　　　⑤ 짜증나게 하는

해석

일자리를 구하고 있는 한 소녀가 외딴 집에 사는 한 커플의 베이비시터로 지원하기로 결정했다. 이 커플은 그 베이비시터에게 그들이 영화를 보러 나가는 동안 그들의 어린 아이들을 돌봐달라고 말했다.

시간이 늦어졌을 때, 베이비시터는 아이들을 침대에 눕히고 텔레비전을 보러 계단을 내려 왔다. 갑자기 전화가 울리기 시작했다. 그녀가 수화기를 들었을 때, 그녀는 "아이들은 확인했나?" 라고 묻는 한 남자의 거친 숨소리와 음성을 들었다.

그녀는 당황하여 전화를 즉시 끊어버렸다. 그녀는 누군가 그녀에게 장난을 치는 거라고 생각함으로써 스스로를 진정시키려 노력했다. 15분쯤 후, 전화가 다시 울렸다. 그녀는 수화기를 들었고 전화선 너머로부터 (a)히스테릭한 웃음소리를 들었다. 같은 목소리로 "왜 아이들을 확인하지 않는 거야?" 라고 물었다. 이때, 그녀는 바로 경찰에 전화를 걸어 도움을 요청했다. 경찰관은 베이비시터에게 다시 그 남자가 전화를 하면, 그가 말을 계속하도록 해야 한다고 말했다. 그렇게 하면 경찰이 전화를 (b)추적할 시간을 줄 수 있을 것이다.

몇 분이 지나고, 전화벨이 또 다시 울렸다. (c)전화에서 나는 목소리는 "너는 정말 아이들 확인해야 해." 라고 말했다. 베이비시터는 그가 히스테릭하게 웃는 것을 오랫동안 들었다. 그녀는 다시 전화를 끊었지만 거의 바로 전화벨이 다시 울렸다.

이번에는 경찰관이었고 "당장 집에서 나가세요! 전화는 위층에서 오는 거에요!" 라고 소리쳤다.